DIECISÉIS ISLAS CUBANAS

Conversaciones
con protagonistas de
la sociedad civil cubana

YOAXIS MARCHECO SUÁREZ

ILIADA EDICIONES
Heidebrinker Str.15
13357 Berlín
Alemania

Maquetación: AV Kreativhaus UG
Edición/Corrección: Amir Valle
Logo Ilíada Ediciones: Maikel García
Diseño: AV Kreativhaus UG

DIECISÉIS ISLAS CUBANAS

"En estos momentos, lo que Cuba necesita es que volvamos al espíritu del 20 de mayo de 1902, cuando creíamos abrumadoramente en la posibilidad de un país próspero, pacífico e independiente, que se desenvuelva como una de las naciones civilizadas del mundo. Aún en las circunstancias que atraviesa la Patria, porque otras cosas más difíciles se han logrado y después de la devastadora experiencia del socialismo, el pueblo cubano únicamente respaldaría la instauración de un sistema que representase sus verdaderos intereses".

CARLOS ALBERTO MONTANER

Protagonistas de la historia no contada
(A modo de prólogo)

Cualquier periodista que se respete tiene en muy alta consideración al llamado "género manantial": la entrevista. Manantial, porque permite indagar en las profundidades de ciertos secretos que los entrevistados suelen esconder por múltiples razones. Manantial, porque de sus aguas se alimenta el entrevistador para elaborar el tronco del trabajo periodístico en cuestión, en cualquiera de los géneros del periodismo. En el caso de las acartonadas e ideologizadas reglas periodísticas implementadas por Fidel Castro y sus estrategas (más bien amanuenses) de prensa desde el mismo inicio de la Revolución, esa posibilidad de la entrevista de convertirse en fuente (obtener información) y alimento (colocar información a disposición del público), fue aprovechada de un modo particular: el de la manipulación. El triunfante y por entonces aclamado líder barbudo, quien había utilizado a su favor, y para crearse su aureola de contestatario, las libertades de prensa de los gobiernos democráticos e incluso de la dictadura que derrotó (la del general presidente Fulgencio Batista), había descubierto una regla del control totalitario que le sería de muchísima utilidad: cuando la prensa y el sistema de información se concentran en unas únicas manos, en un único poder, termina el periodismo y comienza la propaganda. Y eso, propaganda, era lo que necesitaba el todavía "mítico líder cubano" –así lo llamaba entonces la prensa internacional– para consolidar nacional, regional e internacionalmente el mito del proyecto social que se había propuesto instaurar en Cuba: Una revolución de los pobres, por los pobres y para los pobres, frente a la voracidad inhumana de las clases pudientes capitalistas que, supuestamente, "se enriquecían a costa del sufrimiento del pueblo" y frente a las pretensiones de dominio imperial de Estados Unidos.

Eso explica los numerosos libros de entrevistas publicados en Cuba en estas seis décadas, en los cuales se han ofrecido la visión única de ciertos personajes destacados de sectores sensibles para la configuración de la plataforma propagandística del régimen. Libros que siempre ha chequeado, y chequea, con muchísimo rigor ideológico –y rectifica celosamente en sus detalles más controvertidos– la oficina del Departamento de Orientación Revolucionaria (DOR) del Comité Central del Partido Comunista de Cuba. Desde el conocido *El libro de los doce. Las verdaderas voces de la Revolución* (Instituto del Libro, La Habana, 1966), del periodista Carlos Franqui, pasando por *¿Quiénes escriben en Cuba? Responden los narradores* (Letras Cubanas, La Habana, 1985), de Jorge L. Bernard y Juan A. Pola, o *Haciendo historia: Entrevistas con cuatro generales de las Fuerzas Armadas Revolucionarias de Cuba* (Pathfinder, Nueva York, 1998) y terminando con el recientemente publicado *La guerra no espera: Entrevistas a corresponsales de guerra cubanos* (Ocean Sur/Cubadebate, 2023), de Andy Jorge Blanco, por sólo citar cuatro ejemplos.

Dieciséis islas cubanas, esta compilación de entrevistas realizadas por Yoaxis Marcheco Suárez, es una estocada contra esa estrategia de desinformación. Es un bojeo inteligente a través de las experiencias vitales de un abanico amplio de protagonistas de la sociedad civil cubana de la isla y la diáspora. Mediante una, en apariencia simple, estrategia de hacer hablar a los entrevistados sobre sus vínculos personales y profesionales con Cuba y las circunstancias históricas específicas en las que han transcurrido sus vidas, se ofrece un panorama bastante amplio sobre la multitud de disidencias que han existido en la isla y la diáspora en estas seis décadas de totalitarismo castrista, un muestrario de anécdotas que evidencian las grietas oscuras y tenebrosas, históricas y del presente, de un sistema que se creía a sí mismo infalible, al tiempo que se pregonaba al mundo como luminoso y humanista.

Aquí se escuchan las voces de protagonistas del mundo de la política como el cubano americano Lincoln Díaz-Balart o el líder opositor José Daniel Ferrer; activistas de la oposición como la luchadora por los Derechos Humanos Elena Larrinaga de Luis y el opositor (y figura destacada como promotor de las luchas por la igualdad racial en la isla) Juan Antonio Madrazo Luna; un defensor de las libertades religiosas en Cuba, el pastor protestante Teo Babún y la profunda conocedora del sistema de salud cubano, la doctora Hilda Molina; un hombre de la radio como Francisco Alemán de las Casas y del cine como el laureado director Lilo Vilaplana; una de las más activas figuras en la desmitificación propagandística de la Revolución Cubana –y, en específico, del Che Guevara–, Miriam Mata, y el más conocido influencer cubano de la actualidad, Alex Otaola; un artista de la plástica y diseñador gráfico como Rolando Pulido y un exasesor militar de las Fuerzas Armadas Revolucionarias que dirige un singular proyecto de reunificación de Cuba con España, Ferrán Núñez, así como nombres de trayectoria destacada del mundo de la cultura y el periodismo como Luis Felipe Rojas, Yoe Suárez, Armando Añel e Idabell Rosales. Ofrecen, todos ellos, una mirada crítica sobre la convulsa y compleja realidad cubana de las últimas seis décadas bajo la bota de los dos métodos de conducción de la política en la isla: el castrismo con su derivación lógica y sanguínea hacia el neocastrismo, y el Capitalismo Militar de Estado que se mueve en la sombra del poder utilizando al presidente Miguel Díaz-Canel Bermúdez como una dócil y muy útil marioneta, pese a su evidente incapacidad para la política.

Una de las virtudes de este libro es precisamente ese: el contrapunteo que establece la entrevistadora –enfocada en explorar aristas inéditas o poco contadas en la vida de sus entrevistados–, contra los presupuestos propagandísticos defendidos y proclamados como elementos puros y humanistas por los comisarios ideológicos, políticos y culturales de la mal llamada Revolución Cubana, y por sus fanáticos defensores de la izquierda internacional y los tontos útiles que, en numerosos pueblos del mundo, repiten el discurso engañoso de Cuba como paraíso humanista.

La voz aquí de los protagonistas entrevistados adquiere lo que en el periodismo de investigación social se conoce como "el poder de la piel", es decir, ese poder de transmitir la verdad por haber sido testigos directos de lo que se cuenta, mucho de vivencia íntima y personal y bien poco de "lo vi" o "lo escuché". Protagonistas, a fin de cuentas, de una historia no contada que solo ellos conocen. Protagonistas, además, de una visión de la Historia (así, con mayúscula) que ha sido silenciada, manipulada, reajustada y reescrita a conveniencia del poder político. En simples palabras, el trauma humano de una debacle social desnudando la pudrición que se esconde bajo el tupido maquillaje de un proyecto social fracasado en sus más visibles y cotidianos hechos, pero que se niega a reconocer tan descomunal fracaso.

Finalmente, interesante es la perspectiva desde la cual Yoaxis Marcheco Suárez resalta la importancia de cada uno de sus entrevistados para las áreas en las que se les considera protagonistas: no se trata de elegidos ni de seres superiores condenados a ese protagonismo por sus singulares talentos, por azar, herencia familiar o por alguna circunstancia histórica específica... son seres de carne y hueso, cubanos como cualquier otro, que han decidido sin embargo tomar el curso de sus vidas (que de muchos modos les fue arrebatado por la Revolución), y no dejarse aplastar por el curso fatalista de la Historia de la isla que los vio nacer y de cuyo futuro luminoso, libre y democrático se sienten responsables.

Amir Valle, Berlín y 14 de agosto de 2023

Francisco Alemán de las Casas
Un hombre de radio y de mundo

Converso con Francisco Alemán de las Casas, el director de Radio Viva 24. Frank, como le dicen sus amigos, es también novelista, poeta, actor y hasta músico cuando se lo propone. Nació en Camagüey, en noviembre, pero me aclara antes de que le pregunte: "me encantaría decirte en qué año, pero tengo pésima memoria". Es un estupendo conversador y, a pesar de que maneja mucha información, nunca monopoliza el diálogo. Llevarlo a la silla del entrevistado ha sido un reto: "no me gusta hablar de mí, se siente raro". Es un hombre que puede ir y venir del presente al pasado, porque no tiene deudas que saldar consigo mismo, ni con nadie. Así se remonta a su niñez en su natal "ciudad de los tinajones", una época que recuerda, pero no con mucho entusiasmo.

Yoaxis Marcheco Suárez – ¿Quisieras volver a la niñez?

Francisco Alemán – Va a sonar horrible, pero la peor etapa de mi vida fue la niñez. Soy el menor de seis hermanos. Mi madre creyó hasta casi los siete meses que yo era un fibroma. Cuando le dijeron que se trataba de un error de diagnóstico y que ya era tarde para un aborto, se deprimió. No quería traer al mundo otro chiquillo a pasar miserias.

YMS – Pero, siempre hay un instante o una etapa que salva el recuerdo de la niñez.

FA – De mi infancia, regresaría a una tarde de domingo. No sé por qué la recuerdo siempre. Tenía como seis años, creo. Había sol y yo estaba solo en la calle, jugando descalzo con un aro de bicicleta. Fue la primera vez que experimenté lo que ya de adulto supe era la armonía.

YMS – ¿Podría decirse que en ese instante de percepción de la armonía se comenzó a gestar el escritor?

FA – Pudiera ser. Aprendí a leer y escribir muy temprano. De niño consumí cuanto libro, revista o texto llegaba a mis manos. Tengo recuerdos de haber escrito desde pequeño. Tenía hasta una letra linda, que luego perdí, así como la habilidad de escribir a mano.

YMS – ¿Y las personas de tu infancia qué te aportaron?

FA – Mi padre, mi mal carácter. La paciencia creo que me viene por parte materna. Mi padre era comunista y mi madre, una gusana de closet. Sin embargo, hubo un señor, su nombre era Placeres, o tal vez su apellido, que me marcó del modo más amable que te puedas imaginar. Placeres era un anciano que vivía en mi cuadra, en la única casa de madera de toda la calle. Su casa era una biblioteca de libros antiguos. Olía a madera húmeda. Él me habló por primera vez de la alquimia. Me dijo que era real, que había estado a punto de convertir plomo en oro y que me legaría sus apuntes.

YMS – ¿Y te los dejó?

FA – Por desgracia, murió de repente y su hijo heredó la casita y todos sus libros. Aun creo ver a Placeres y a veces hasta hablo con él.

YMS – Culminando tu niñez, llegó la radio casi por casualidad.

FA – Estaba una noche en la plaza Agramonte de Camagüey –tenía 13 años– y alguien que recién comenzaba y que ahora es un famoso *reporter* de la televisión de Miami se quedó en blanco durante una transmisión de Radio Cadena Agramonte, así que me achantó el micrófono y me hizo señas para que improvisara. Me dejaron haciendo segmentos en un programa juvenil.

YMS – Sin embargo, no todo fue color de rosas, hubo experiencias negativas.

FA – Muchas, como haber sido expulsado de Radio Nuevitas por "diversionismo ideológico", pero las agradezco. De esas experiencias se aprende más que de las positivas.

YMS – No obstante, tu relación con la radio no quedó ahí, llegaste a La Habana y, ¿qué pasó?

FA – Llegué a La Habana a trabajar a una hilandería en El Wajay. Un día fui a llevar una convocatoria de empleo de la hilandería a Radio Ciudad de La Habana y, ¡vaya casualidad!, había muerto ese día el presentador del programa Actividad Laboral, que era donde yo tenía que entregar la convocatoria de empleo. Para resumir la historia, terminé presentando el programa y me quedé como diez años en Radio Ciudad.

YMS – Y no solo en Radio Ciudad.

FA – Trabajé en todas las estaciones de radio de La Habana, salvo en dos. Dormía como tres horas al día. Luego estuve también en la televisión, entre los años 1991 y 1995, más o menos.

YMS – ¿Te sirvieron de algo esos años?

FA – Todo lo que aprendí en los medios de Cuba, en cuanto a locución, redacción y dirección, me ha resultado útil. El resto fue una pérdida de tiempo.

YMS – ¿Qué es el resto?

FA – El trabajo de los medios se reduce a persuadir a favor del régimen y disuadir a los que están en su contra. No hay otra meta, como en todos los regímenes totalitarios. Incluso los programas o estaciones aparentemente más liberados de la censura forman parte de franjas de programación ideologizadas.

YMS – Aunque parezca raro, no es la locución tu profesión ideal sino otra.

FA – La actuación sigue siendo mi profesión ideal. Hasta era mejor actor que presentador de shows, por ejemplo. Lo que pasa es que la radio es un agujero negro que todo se lo traga. Demanda mucho tiempo y esfuerzo. Después que me metí de lleno en la radio, he trabajado en solo ocho obras de teatro y en un par de cortos experimentales de dudosa reputación.

YMS – ¿Actuaste en la radio?

FA – ¡Oh, sí! En radio hice muchos personajes. Entre los que recuerdo con cariño, por la ingenuidad del personaje y la mía, está mi protagónico en Fotuto, una versión de la novela de Miguel de Marcos.

YMS – Volvamos a la literatura: todos tus libros fueron publicados en Chile y Estados Unidos. ¿Por qué no publicaste nunca dentro de Cuba?

FA – Todos mis amigos eran poetas, escritores, dramaturgos, pero jamás me pasó por la mente publicar nada allá, por dos razones. La primera, y más importante, era que yo publicaba textos míos todas las semanas, solo que para la radio. Por otro lado, no me agradaba el precio que debían pagar muchos de mis amigos con tal de que sus libros estuvieran en los anaqueles de las librerías. Y hablo del tributo político al régimen, por si no queda claro. Aun así, pusieron un par de cosas mías en una de esas raras compilaciones de una editorial de provincia. Actualmente tengo a la venta los poemarios *Agorafobia* y *Geometrías del Cuerpo*. También mi muy querida novela *Eutanatrón A 380*.

YMS – 1998 fue el año en que te fuiste de Cuba. ¿Saliste con solo el pasaje de ida?

FA – La condición que me obligaron a aceptar para salir de la isla fue la de no regresar. He cumplido con ella y cumpliré mientras Cuba sea el fundo de los Castro. He lidiado con esa separación desde el momento en que el oficial de Inmigración del Aeropuerto Internacional José Martí, mientras sellaba mi pasaporte, me recordaba que lo mejor para mí y mi familia era que no volviera nunca más.

YMS – Y, claro, salir de Cuba te abrió otros horizontes. Supongo que de Madrid tengas buenos recuerdos.

FA – ¡Flipo con eso, tía! Madrid sigue siendo parte de mi universo. Viví cinco años allá. Estudié Producción y Realización de programas de radio en el Instituto Oficial de Radio y Televisión de Madrid. Fui cofundador y asociado de la estación Chueca FM (la primera que hubo, la de ahora ya es otra cosa). Hice un montón de cosas más, desde viajar y conocer el mal llamado viejo continente, hasta trabajar varios meses como guardia de seguridad en discotecas. En Madrid confirmé que Dios de verdad me tenía paciencia. Hice muchas locuras.

YMS – De Madrid te fuiste a vivir para Santiago de Chile. ¿Fue significativa esa etapa de tu vida para tu carrera profesional?

FA – En Chile tuve que enfrentarme a la migración de la era análoga a la digital. Fue un evento traumático, pero superado. De repente, me vi dirigiendo estaciones de radio ya propias, lidiando con temas que me eran ajenos, con asuntos de programación, derechos de autor, impuestos, diseño web, eventos, transmisores, antenas, ventas, etc. No estaba preparado para eso y cometí errores de los que aprendí.

YMS – O sea, le debes mucho a Chile como radialista...

FA – Debo reconocer que Chile fue mi camisa de fuerza. Le agradezco a ese país mi formación práctica en proyectos de comunicación. También, y sobre todas las cosas, le agradezco mi hija Antonia.

YMS – ¿Por qué viniste a los Estados Unidos entonces, si eras una persona exitosa allá?

FA – Me aburrí de Chile. Me dio una cosa rara, cerré casi todo lo que tenía y me fui. Necesitaba un cambio radical y soy bueno en eso, en dar vuelta de página. No vine a Estados Unidos con un proyecto profesional, ni nada parecido. Intentaba tener una vida normal, algo que tampoco aquí he conseguido, por cierto.

YMS – Vayamos a un tema que se te da muy bien, tienes algo especial en tu trato con las mujeres que hace que se sientan cómodas contigo, has sido activista en contra de la violencia de género, has hecho de la radio tribuna y sombrilla para proteger a muchas. ¿Qué ven en ti?

FA – Creo que se sienten cómodas conmigo, porque yo me siento cómodo con ellas. También porque las escucho. He combatido vehementemente la violencia de género, a veces de maneras que no viene al caso mencionar. Veo a las mujeres sobre todo con respeto. Te aseguro que no son palabras de buena crianza, es lo que de verdad siento. Las mujeres son muy perceptivas. Jamás las engañas. Tal vez por eso confían en mí. Y yo en ellas.

YMS – Y en el amor, ¿eres tan dichoso como en tu trato con las féminas?

FA – He sido un sufridor muy dichoso. He amado y me han amado hasta el asco.

YMS – Siguiendo con el tema de las chicas, solo recuerdas el cumpleaños de una. ¿Qué significa para ti?

FA – Mi hija Antonia significa el universo que conozco. Por eso solo recuerdo la fecha de nacimiento de ella y la mía, aunque con la mía tengo dudas respecto al año.

YMS – Entre tantas amigas y amigos que tienes, ¿hay algún enemigo? ¿Alguien a quien odies o que te odie?

FA – Gracias a Dios ni tengo enemigos, ni soy enemigo de nadie. No conozco el odio, aunque sí su variante no menos peligrosa: la rabia con pataleta. Lo bueno es que se me pasa en diez minutos.

YMS – Dios está y eso no lo dudas, ¿cómo lo percibes?

FA – Creo que alguna vez te lo dije: Dios es una obviedad, en el exacto sentido de la palabra. Jamás he tenido una crisis de fe, tal vez porque no lo culpo de mis meteduras de pata.

YMS – Vayamos a tu vida íntima, ¿cómo la proteges?

FA – A ese respecto, intento no hurgarme la nariz en público, por ejemplo.

YMS – ¿Y en cuanto a las geometrías de tu cuerpo, qué figura geométrica prefieres?

FA – Prefiero el triángulo. Me gusta porque con independencia del tipo de triángulo que sea, su base siempre será superior a su cúspide.

YMS – ¿Y cómo es Francisco en su interior?

FA – Según mi doctor, soy bastante normal, aunque producto de tantos años ejercitándome con pesas tengo hipertrofia del ventrículo izquierdo.

YMS – Regresemos a la radio. No te cansas de enfrentar retos.

FA – Me encantan los retos. Si puedo trabajar para mí, ¿por qué hacerlo para otro? Si me pagan bien o si me entusiasma bastante un trabajo, lo tomo con gusto y soy excelente empleado. Me integro a los equipos, hago lo que me indican, sugiero si quieren que lo haga, no falto, no llego tarde, no busco problemas. Ese es el escenario ideal. Cuando las cosas no son así, si tienes alguna habilidad, lo mejor es hacer lo de uno.

YMS – ¿Por eso el reto de 24 horas diarias, Radio Viva 24?

FA – Por supuesto.

YMS – Miami, ¿cómo te conectas con la ciudad?

FA – Miami y yo nos estamos conociendo. Es una ciudad multicultural, paradójica y rica. No sé qué pensará ella de mí. Me gustaría saberlo.

YMS –El tiempo corre sin que se sienta cuando se conversa contigo, Francisco. Quisiera terminar con una pregunta: si volvieras a nacer, ¿qué elegirías ser?

FA –Una ameba, pero de las buenas, de las que no causan enfermedades, ni matan a la gente pobre en el mundo.

El domeñador de palabras

Converso con Luis Felipe Rojas, un hombre inquieto que sabe tratar con las palabras, incluso con las más salvajes. Las acaricia, las ronda hasta que las deja rendidas, las doma, como se doma a los potros jóvenes. No tiene miedo a los sentimientos, ni a sus personajes, lucha contra ellos y por ellos, en una batalla donde termina ganando la literatura. Luis Felipe inventa historias que pueden asemejarse a la realidad y a los recuerdos. Pero también es un periodista que indaga en los acontecimientos, en las vidas de la gente real, busca ser certero en la información y tiene como meta importante en su vida dar voz a los que, dentro de Cuba, su Isla natal, han sido silenciados y llevarles los sonidos de la libertad que no conocen, todo esto a través de las palabras. Ha sido para mí un lujo conversar con este hombre, escritor, periodista, padre, esposo, amigo, cubano, 'domeñador' de palabras.

Yoaxis Marcheco Suárez: ¿Cómo fue tu niñez en tu San Germán natal?

Luis Felipe Rosabal: Me crié en un batey azucarero, rodeado de amigos y primos que me enseñaron las bellezas de la naturaleza, cruzar los arroyos y cazar bichos en el monte para comer. No hay niños que no sean traviesos, pero fui de un carácter afable siempre. Lo que sí ocurrió rápido fue que descubrí el amor por la lectura. En algún sitio ya he escrito que mi madre, una lectora voraz, leía en voz alta para los haitianos que vivían o habían vivido de cortar caña de azúcar en las plantaciones. De aquella voz de mi madre, que se propagaba por los potreros, nació el lector o el escritor que vino luego en mí.

YMS – ¿Cuándo comenzaste a buscar las palabras en los libros?

LF – Yo creo que fue en la más temprana adolescencia: había dos LF, uno que se iba a mataperrear hasta entrada la tarde, metiéndose en las pocetas de agua, cruzando los cercados de los vecinos para comerse los mangos y las guayabas sin madurar aún, y el otro, el que se fue amansando cuando fue descubriendo las historias escritas por los clásicos. Descubrí rápido a Salgari y Julio Verne, leí antes de tiempo a los Dumas y como vivía en el campo, donde en todas las casas se escuchaban radionovelas, pude oír a grandes de la literatura pasados por el invento de la radio.

YMS – ¿Qué textos literarios prefieres?

LF –Mis gustos literarios maduraron, se deformaron y sufrieron mi propia censura. Leí para saber, luego cuando el vicio aumentó, leí para entretenerme, luego para aprender y ahora escasamente leo para saber cómo otros autores moldean a sus demonios. Nunca leo un libro que no me atrape en las primeras páginas, ya es un acuerdo tácito, y no falla. Jamás comienzo por el principio de un libro. He descubierto a tres mexicanos: Antonio Ortuño, Julián Herbert y Yuri Herrera. Me gusta lo que escriben y cómo escriben las mujeres, son voces diferentes. Sí creo que hay una literatura hecha por mujeres, que es distinta, más concreta a veces, y siempre menos pretenciosa.

YMS – ¿Cuándo nació el escritor?

LF – Entre los primeros versos de la adolescencia y el primer libro publicado en 2001 pasaron casi 10 años. Los primeros textos fueron para enamorar a las chiquillas alrededor mío, para presumir, y no te niego, funcionó, y mucho. Yo era el escritor de mi aula en la secundaria y el bachillerato y eso crea un halo misterioso: era el que se liaba a gaznatones con cualquiera y a la vez podía "escribir los versos más tristes" esa noche. Me pasé la adolescencia copiando a Darío, Vallejo y Neruda (nunca a Buesa), a Martí y Whitman; no me da pena, los copiaba y salían traducidos por un alma adolescente. Mis profesores lo sabían, pero hasta me celebraban y fueron muy pacientes, esperando que saliera mi verdadera voz interior. Espero que aquellas muchachas me hayan perdonado.

YMS – ¿Qué temas te perturbaban cuándo eras un joven universitario?

LF – Fui un estudiante inquieto. Cuando llegué al primer año de la carrera de Letras ya me había leído a la mayoría de los clásicos obligatorios que imponían los planes de estudio y alguna luz me bendijo: en vez de ponerme a fanfarronear por ello, aproveché a la mejor profesora que tuve entonces, Serafina Prego (Fini) y lo que hice fue reordenar mis lecturas, releer, mientras ella me iba descubriendo qué había de verdad dentro de aquellas piezas universales y desde entonces no he parado de leer mucho, y bueno. A ella le debo leer con pasión, sentir que la historia está en el libro, pero eres tú el que tiene que revivirla.

YMS – Durante esos años de estudiante en la Universidad de La Habana estuviste becado en la residencia estudiantil ubicada en F y 3ra, en el Vedado. ¿Reflejas ese lugar en tu obra?

LF – En F y 3ra, en El Vedado, estuve poco, y más que leer, lo que hice fue vivir. Mi pareja de entonces era Yusmila Reina, que hoy es opositora al régimen, y aprovechábamos a ir al cine, podía pasarme horas en la Biblioteca Nacional buscando cosas perdidas en los archivos, me prestaban mucho cine en Casa de las Américas. Viví, me destrocé la piel equivocándome y salí mejor. Siempre salgo una mejor persona cada vez que me pasan cosas malas.

YMS –¿Tienes marcas de aquel tiempo en la residencia estudiantil?

LF – Sí, algunas. Allí me golpeó el suicidio de mi amiga Eloína, creo que fue en diciembre de 1996, ya hemos conversado de esto. Allí me dijeron "palestino" y me miraron con burla por mi acento de las provincias orientales. Me negaron seguir en la Facultad por una perreta de una profesora de Literatura Contemporánea, llegaron hasta esgrimir mi "baja capacidad intelectual" y, al año siguiente, como un gran desconocido, gané el premio de poesía de la revista *Revolución y Cultura* (1998) que por entonces estaba menos viciado que el de *La Gaceta de Cuba*. Pero nada de lo malo que me pasó me desenamoró de La Habana. La Habana se abrió a mí como una mujer que no resiste y se entrega al hombre que la ama de verdad. Todo eso está en lo que escribo, sin nostalgia, yo soy un exiliado de manera radical y no me puedo permitir el lujo de la nostalgia.

YMS – Pudiste haber llevado una vida sin compromisos con la realidad cubana, eras un prolífero escritor, habías publicado varios de tus poemarios, te desempeñabas en los medios oficiales dentro de la Isla. ¿Cómo y por qué a pesar de tus éxitos asumiste la profesión más difícil y reprimida en la Cuba de Castro: la de periodista independiente?

LF – Fue un mazazo en la cabeza. Leí los testimonios de los presos políticos en un par de libros; a escondidas, un amigo me prestaba libros como la biografía de Hubert Matos y videos sobre la resistencia al comunismo en Europa del Este. Reinaldo Arenas, Cabrera Infante y el mismo estercolero que se vive en el ámbito cultural oficial en Cuba, me llevaron a disentir. Empecé con mis amigos Michael Hernández Miranda; escribí para *Encuentro en la Red* bajo el seudónimo de Jairo Ríos, por varios años. Luego escribí con mi nombre en *Diario de Cuba* a la par que hacía activismo. En Cuba no puedes ser periodista independiente a secas. Eres eso y activista de Derechos Humanos, a menos que te pongas a reseñar una obra del Teatro Nacional, la cartelera de la Feria del Libro o a pasarle la mano a los problemas. Pero si te pones a investigar muertes en prisión, la corrupción administrativa, listados de presos comunes torturados en las cárceles del Oriente del país, entonces te cae encima la maquinaria de la represión y de algún modo te hacen un opositor frontal.

YMS – Hablemos de tu poesía: ¿cuál es tu cuaderno más contestatario?

LF – Yo creo que *Para dar de comer al perro de pelea* (Neo Club, 2013), ahí está toda la rabia que sentía, todo el amor por Cuba y por mi gente. Pero yo logré colar algunos textos en algunos de los libros anteriores, poemarios que no pasaban de trescientos ejemplares en provincia, con escasa promoción nacional, y eso es una manera de la censura. Aún hay una escritora en Holguín que fue directora del Centro del

Libro, que me llevó a su casa para pedirme, exigirme, que quitara de un libro un poema que la Seguridad del Estado consideraba subversivo. Puede haber gente más pusilánime, pero esa tiene dos apellidos.

YMS – En qué momento nace tu blog *Cruzar las Alambradas*.

LF – El blog nace en 2009, a los tres días de que el preso político Orlando Zapata comenzara la huelga de hambre, en diciembre. Y desde entonces no paré. El blog me permitía escribir sin pausa y sin afeites. Escribía entrevistas y artículos periodísticos para *Diario de Cuba* y todo lo otro para mi blog. Yo creo que fue una manera de tensarme la cuerda yo mismo, de ver hasta dónde podía ser efectivo de manera autónoma, y lo fui. El blog rebotó en las redes y era uno de los más leídos luego de los de Yoani, Claudia Cadelo y Orlando Luis Pardo, era un grupo numeroso, pero yo era el único que escribía desde el monte cubano y tenía para mí las cinco provincias orientales, estaba a gusto escribiendo sobre temas que a otros solo les era permitido si viajaban treinta horas en tren.

YMS – Viviendo en Cuba fuiste detenido varias veces, sometido a interrogatorios, dormiste en calabozos, tu casa fue rodeada por agentes del régimen. ¿Qué pensamiento te mantuvo firme en medio de la represión?

LF – Yo siempre llevaba conmigo, en mi cabeza, que los presos políticos vivieron un calvario en Cuba, mientras lo mío se trataba de una detención de horas, días, acaso semanas. Y por otro lado tuve rápido una revelación que no me dejó tener miedo: a veces usaban decenas de policías, oficiales de los Órganos de la Seguridad del Estado, delatores voluntarios para acosar a un tipo que solamente escribía, organizaba actos de protesta o pintaba carteles en las paredes, y eso los hacía temerosos y pequeños. En las celdas, yo acostumbraba a desnudarme; no en calzoncillos, desnudo. Y a gritar todo lo que podía contra el régimen, Fidel y Raúl y ponerlos furiosos. A veces venían y me daban de patadas y piñazos, a veces me dejaban tranquilo hasta quedarme ronco, y yo sabía que había un pacto, les habían ordenado no golpearme más esa noche.

YMS – Y mientras estabas involuntariamente ausente, qué pasaba con tus hijos y tu esposa.

LF – Quisiera saltar esta pregunta de manera olímpica, no volver sobre esa herida a mis hijos Malcom y Brenda y la buena de Exilda. Eso me trajo al exilio, aquí estoy porque ellos no siguieran en el calvario de verme esposado con las manos a la espalda, la casa embadurnada de mierda o de chapapote o pintura. Ese horror me trajo, como a miles, a estas tierras.

YMS – ¿Esos malos momentos motivaron tu imaginación o la golpearon?

LF – Hay alguien que me ayudó mucho, creo que fue un disidente soviético, con su teoría del "Como si...". Entonces yo escribía y leía como si ya viviéramos en libertad en Cuba, aunque tuviera la casa rodeada de agentes policiales. Ahí, en esa certeza, está todo. Y así he seguido viviendo.

YMS – ¿Qué sientes por los que te reprimieron?

LF – Nada, ni lástima. A mí no me hicieron un décimo de lo que a otros. Lo único que no voy a permitirme es la impunidad, tengo sus nombres y un día serán acusados, si ese día llega. Pero yo me mantengo alejado de lastres como el rencor y el odio, que no son la desmemoria. Pero son seres tan bajos, que rara vez, como esta, retomo el asunto.

YMS – Recuerdos de aquellos años de persecución...

LF – Te vas a asombrar, pero en medio de la persecución más feroz en la que llegan hasta a expulsar de su centro de estudios o trabajo a alguien porque se relaciona contigo, siempre había una puerta abierta –y la hay–, siempre hay una mano extendida para alcanzarte algo. En Cuba, cuando eres opositor abierto, de los que dicen abajo la dictadura en cualquier esquina, hay mucho temor hacia ti, pero siempre hay gente amable y bondadosa. En Holguín y San Germán tenía casas donde esconder libros, memorias flash, una computadora. Podía viajar en el carro de alguien muy conocido porque me había recogido a la salida de la ciudad o en los años de la escasa conexión a internet, siempre conté con quienes enviaban mis textos al exterior desde sus empresas estatales, universidades u hospitales militares, y ya, no puedo seguir dando pistas.

YMS – En el año 2013 la editorial Neo Club Press publicó tu libro de poesía *Para dar de comer al perro de pelea*, esto después de haber estado censurado en Cuba por siete años. ¿Qué significó para ti la publicación de este poemario?

LF – Idabell y Añel son la gente más bondadosa y afable que puedas encontrar, son geniales, pero Miami es eso, llena de gente que siente que quiere ayudar al que llega. Para mí fue respirar, algunos de los textos de ahí tenían más de 10 años, pero no iban a ser publicados en Cuba, así fueran poemas de amor. A solo un mes de estar aquí, me contactaron, me dieron cabida en sus proyectos de publicación, me pagaron colaboraciones por algunos artículos para algo que tenían entonces, y de manera desinteresada, publicaron el libro, hicieron una presentación espectacular. ¿Qué más decir? Así son los buenos amigos, yo acababa de llegar y estaba verde aún.

YMS – El exilio te ha abierto muchas oportunidades, una de las más significativas seguramente ha sido la de poder desarrollar tu carrera periodística. ¿Qué fue Radio Martí para Luis Felipe Rojas?

LF – Yo hice la más feliz de las transiciones que puedes hacer viniendo de una dictadura como la cubana. De oyente clandestino de Radio Martí cuando era un niño, pasé a ser colaborador y entrevistado de varios programas hasta llegar aquí, sin empleo, pujando por salir adelante y que a la semana alguien me preguntara así, como un bombazo, ¿quieres trabajar en Radio Martí? Y ahí estuve, le di voz a los que quedaron atrás, como otros me la dieron antes a mí. Espero no haberlos defraudado.

YMS –¿Hay algún tema con el que te sientas comprometido como periodista?

LF –Aunque mi pasión son las artes y la literatura y acostumbro a escribir y hacer programas radiales sobre libros, autores, obras de teatro o eventos culturales, mi tema-compromiso son los Derechos Humanos y sobre eso escribo diariamente hace años. He entrevistado a centenares de personas, escrito miles de notas periodísticas, y te juro que cada mañana hay un reto distinto: escribir más limpio y mejor, dejar al escritor y poner al periodista para que la voz de las víctimas y los victimarios salga más clara y se entiendan mejor las historias y los conflictos. Fui el realizador del programa *Contacto Cuba*, y cada vez que hacía una pregunta, compartía un chiste o lloraba con alguien a través del teléfono, era consciente de que me estaban escuchando en Baracoa, San Germán o Ranchuelo. Tuve el inmenso honor de entrar cada mañana de manera clandestina a los hogares cubanos.

YMS – ¿Cómo compartes tu tiempo entre el escritor y el periodista?

LF – Mi madre y mis amigos dicen que parezco un loquito, mi mujer lo sabe y me ayuda, pero soy la persona más centrada que pueda existir: soy corredor de maratones, mi preparación física, aunque no sea la de un *runner* profesional es bastante alta y eso me ayuda a escribir o leer por varias horas sin parar. Soy disciplinado con mi tiempo. Una hora de carrera en la calle en la madrugada, ayudar a preparar a mis hijos para dejarlos en la escuela, ocho horas de trabajo, llevar a mi hijo a las prácticas de béisbol, leer, ver cine o escuchar música, escribir, leer, hacer el amor, esta es una actividad que la gente desestima, pero hay que dedicarle detalles como si estuvieras armando un reloj suizo, no hay improvisación, y descansar. Me alcanza y me sobra el tiempo para cocinar y deleitar a mis amigos, salgo a bailar, y Exilda y yo podemos estar frente a una orquesta o música grabada hasta las tres de la mañana, vamos a eventos y apoyamos causas sociales y por encima de eso, llevamos una dulce y férrea educación y entrenamiento de vida con nuestros dos niños. Además, vivimos la vida de Miami, honramos a los exiliados de primera generación que pusieron pie en tierra para crear esta ciudad, conversamos con expresos políticos y víctimas del comunismo, los acompañamos, somos casi familia de muchos de ellos, y eso es un privilegio que no te puedes dar el lujo de perder.

YMS – ¿Reluce la insularidad en tu obra?

LF – No creo en eso, escribo y ya. Estoy poseído cuando escribo y no atiendo esos conceptos paraliterarios, honestamente.

YMS – ¿Quién es más fuerte, el hombre o el escritor?

LF – No hay separación, este escritor deforme y con muchos defectos es resultado de una vida a la carrera, a tientas y a locas. Mis temores, mis frustraciones y mi arrojo son lo que escribo. Estamos llenos de miserias humanas, debilidades, pero también de sentimientos y gestos hermosos; todo eso me hace la persona especial que soy, cada uno lo es, no hay dudas. Todo eso me hace más fuerte. Hace rato dejé de pensar que soy un escritor, yo soy un hombre que escribe y eso está desligado totalmente de cualquier gesto cultural, de promoción o aspiración editorial. Yo escribo para ir amasando una montaña.

YMS – Siguiendo en la literatura, ¿cómo el escritor se transforma en domador de las palabras?

LF – Domeñarlas, ese es mi fin único. Estoy enamorado de las palabras borceguíes, anafre, cazuela y barracón. Hablo francés y lo leo bastante bien y en los dos idiomas hay palabras que me suenan como la melodía que sale de una flauta o un saxofón. En francés, la palabra que más me gusta es boulangerie, porque es tan linda como una panadería y huele a baguette y no a pan. Ese es el misterio de las palabras. Yo creo en la geografía de las palabras, a veces un vocablo me da vueltas en la cabeza y empiezo por paladearlo, por usarlo y saborearlo despacio como un dulce, lo voy metiendo en las oraciones, en los párrafos, en las conversaciones, lo envío en mensajes de texto para ver qué efecto produce y me voy apropiando de él hasta hacerlo mío totalmente. ¿Soy complejo? ¿De verdad? Si yo soy un pan, muchacha.

YMS – Finalmente. ¿Volverías a la Cuba de Castro?

LF – Imagino que estás refiriéndote al país subyugado por la infame familia de verdeolivo. Cuba nunca será ni de los Castro ni de nadie. En 60 años de dictadura mucha gente siguió siendo rebelde, escribiendo lo que no le pedían, gritando a la cara de los torturadores, bailando, sacando la lengua a los discursos, tirándoles pedos y trompetillas y haciendo el amor y creyéndose libres. Somos los menos, pero una cantidad nada despreciable como para decirle al mundo que queremos ser libres, al mundo y a los sátrapas y pusilánimes que intentan robarnos los sueños. Hasta que no vea reales condiciones de libertad, no regreso; si me quedan ganas, "el mundo es ancho y ajeno", mi niña. Allí quedan, mi madre, mis hermanos, mi familia que amo y mis amigos; allí están las novias y las mujeres que me hicieron feliz, los amigos con los que me di trompadas en la adolescencia y luego bebimos hasta el amanecer en una plaza pública, la gente a la que temí y los que me hicieron reír, un país cargado de belleza. Como has de suponer, con cosas tan lindas uno es capaz de cargar toda la vida y para eso no importan las geografías. Tengo la apurada impresión de que no volveré más nunca y eso puede parecer duro, pero yo no creo ni en las patrias ni en los nacionalismos de alfiler. Creo en la gente en necesidad, no en conceptos geopolíticos.

ARMANDO AÑEL E IDABELL ROSALES
El concierto de la vida a cuatro manos

Pareciera que Armando Añel e Idabell Rosales se conocen de toda una vida, se vieron por primera vez en una fiesta de Camacol, cuando Idabell trabajaba en Goya, "un amigo común nos presentó", cuenta Idabel con la cara zalamera, "aunque Armando dice que me había echado el ojo desde el cunero en Maternidad de Línea, allá en La Habana. Nuestro amor se consolidó en Miami". Y Armando recalca: "como refiere Idabell, ya yo la amé desde Maternidad de Línea... y luego la redescubrí aquí. Porque eso es ella siempre: un descubrimiento". Así comienza este diálogo con una pareja que ha dedicado una considerable parte de su tiempo a trabajar por los creadores literarios independientes de la Isla, en algo que se consolida y afirma: la editorial Neo Club Ediciones, con todos sus proyectos, eventos, iniciativas y, sobre todo, su ardua labor de rescatar la literatura censurada por el sistema castrocomunista imperante en Cuba, un trabajo grande que trae la satisfacción de promover a los que el régimen quiere sepultar y, a la vez, darle a Miami un toque más de cultura y literatura.

Yoaxis Marcheco Suárez – ¿Qué es Neo Club Press?

Idabell Rosales – Neo Club es Armando y a la vez es nuestro hijo online. Bueno, es que Armando es hijo mío también. Es el portal digital de la compañía de servicios Neo Club LLC., una especie de periódico con mucho de revista cultural. Otra cosa es la editorial propiamente: Neo Club Ediciones.

Yoaxis Marcheco – Y la idea surge...

Idabell Rosales – Neo Club LLC surge cuando salgo de Goya Foods. Ya Armando trabajaba desde la casa haciendo ediciones, y formamos esa compañía en octubre del 2010. Cubre la editorial y el sitio online.

Yoaxis Marcheco – ¿Cuál es el enfoque?

Armando Añel – Está enfocado fundamentalmente en la distribución de noticias, artículos, literatura, arte y productos audiovisuales; el portal sirve de caja de resonancia a la creación independiente y privilegia una política editorial inclusiva y un periodismo interactivo que protagonizan las redes sociales. Como ves, tiene mucho de los dos: es interactivo, inclusivo e independiente. El Club de los Emancipados.

YMS – ¿Cuántos libros y cuántos autores tiene ya el sello de la editorial Neo Club?

AA – Ya vamos por más de cien títulos y más de cincuenta autores.

YMS – ¿Tienen prioridad los autores del interior de la Isla?

IR –No es que tengan prioridad los autores de la Isla –en realidad publicamos a autores de varios países–, pero sí se tiene en especial consideración a aquellos que por una razón u otra son marginados, silenciados, ninguneados, castigados, reprimidos, en la Isla. Tendemos un puente para que la libertad se exprese creativamente, en todas sus dimensiones.

YMS – ¿Podría decirse que tienen un público dentro de Cuba?

AA – Sí existe un público, cada vez más numeroso, al que llegamos de diversas maneras. Lo más difícil es introducir libros con algún contenido político –ensayos básicamente–, pero siempre nos esforzamos por hacerlo llegar todo. Buena parte de nuestra producción se distribuye digitalmente.

YMS – ¿Es el Festival Vista el producto final, o terminado, de Neo Club LLC.?

IR – Vista es el resultado de una noche donde descubrí que teníamos varios libros de autores aún sin presentar, acumulados, y decidimos organizar un evento de cierta envergadura para ello. Ya había abierto Vista Larga Foundation, que en un principio se llamaba Idabell Foundation y me dije: "Creo que se te fueron los humos a la cabeza". Así que le cambiamos el nombre. Hablamos y coordinamos entonces con varios amigos. Ya hacíamos presentaciones de libros en espacios como *La Otra Esquina de Las Palabras*, de Joaquín Gálvez, o *Delio Photo Studio*, de Delio Regueral, y nos pusimos de acuerdo con ellos y con otros más.

YMS – ¿En qué consiste el Festival, o sea, se podría decir que Vista es solo literatura?

AA – Neo Club Ediciones es una herramienta al servicio del proyecto Puente a la Vista y, en general, de la cultura independiente. El Festival Vista no es un producto de Neo Club LLC. sino un proyecto de la Fundación Vista Larga, que preside Idabell Rosales; yo solo soy uno de los coordinadores de ese festival. La literatura predomina, pero el festival abarca géneros disímiles. Lo mismo disfrutamos un performance que un concierto, un debate que una proyección fílmica.

YMS – ¿Y el impacto de este evento en la vida cultural de Miami?

AA – Ha venido a abrir una serie de espacios necesarios para la creación independiente y su visibilidad. Si algo caracteriza al festival, creo yo, es la espontaneidad, su carácter interactivo y dinámico. En este sentido, el festival significa libertad, pero también justicia. Una manera de hacer justicia a creadores y activistas culturales que no siempre son suficientemente promocionados en la Sociedad del Disparate.

YMS – ¿Es para algún grupo en especial?

IR – Sobre todo para el gremio de las letras, pero en general también para las distintas expresiones creativas, es un evento muy atractivo. A pesar de que nos continuamos expandiendo a otras nacionalidades, abordamos más la temática cubana. Para mí es un constante reto.

YMS – Hablemos de la utilidad del Festival para la creación literaria independiente del interior de Cuba.

IR – Es una inyección de libertad. Estimula y promueve la independencia individual, y por tanto la responsabilidad creativa. Hemos tenido la satisfacción de presentar a autores cubanos independientes y han podido compartir sus obras con el cubano de afuera y el ciudadano del mundo en general. También en las tertulias y mini festivales que hemos ayudado a hacer dentro de Cuba, ellos presentan sus obras en casas particulares y en otros espacios independientes.

YMS –¿Existen otros eventos asociados a Neo Club Press?

IR – Neo Club Press, portal digital, es más bien el amplificador de los eventos de Neo Club Ediciones, la editorial, del Festival Vista y de otros autores y proyectos de amigos relacionados con la literatura y las artes, los cuales promocionamos, ya sea en Miami, en Cuba o en otras ciudades y países.

YMS – Toquemos el tema de la amistad, el apoyo que reciben de mucha gente e instituciones.

IR – Recibimos siempre apoyo de buenos amigos, desde el emocional hasta el efectivo que nos ayuda a la renta de locales para eventos, la croquetica para el brindis o para la impresión de libros. Me gustaría mencionar a todos, si me das un chance te hago una lista, pero agradezco mucho a todos los escritores y amigos que siempre han confiado en nosotros; a Rosario Martínez, que nos ayuda mucho desinteresadamente en las redes, a mi *contract manager* Rafael Marrero, a mis *partners*, a nuestros clientes, a mi querido Carlos Alberto Montaner, a mi amigo Lincoln Díaz-Balart, quienes desde que nos conocen no han parado de ayudarnos; a los diarios, a los medios, a Karen Caballero, de *Martí Noticias*, a Daphne Rosas con sus diseños, a Manuel Gayol desde California. En fin, mucho que agradecer.

YMS – Y Armando, ¿a quiénes agradece?

AA – Agradecimientos infinitos a nuestros amigos y colegas, desde quien abre un canal de ayuda pasando por quien promueve un evento hasta quien ajusta un micrófono, desde todos los ángulos y en todos los niveles de energía, créeme que sin ellos poco o nada fuera posible. Hay muchas maneras de apoyar. Siempre pido perdón cuando enumero o menciono porque resulta imposible –literalmente– no cometer una injusticia y dejar a alguien fuera.

YMS –Ambos emigraron en los 90.

IR – Yo vine por una reclamación familiar que me hizo mi madre, quien ya era entonces ciudadana americana. Vine en menos de seis meses con mi hijo mayor Antonio. Creo que me fui de Cuba deseando lo que queremos todos cuando nos vamos: un futuro mejor, pero en ese momento lo que más me apasionaba era reencontrarme con mi madre y mi hermano.

YMS – En qué circunstancias salió Armando...

AA –Salí de Cuba en circunstancias diferentes a las de Idabell, a finales del siglo pasado. La revista *Perfiles*, dirigida por el político y escritor Juan Pina, convocaba cada año un concurso de ensayos para Latinoamérica. Un concurso auspiciado por la Fundación alemana Friedrich Naumann, de corte libertario. Cuando ya llevaba varios años deseando, y a ratos intentando, salir de Cuba, conocí del concurso a través del Partido Liberal de Cuba y lo gané en la edición de 1999. Tuve suerte que el premio consistiera en una beca-seminario en Leipzig, Alemania.

YMS – ¿Por qué salir de Cuba sin retorno?

AA – Soy medio claustrofóbico y el castrismo es claustrofobia. No puedo vivir encerrado y, cuando lo estoy, necesito saber que no hay candados, que hay una puerta o una ventana esperando ser abiertas. A esta vida se viene a hacer cosas, a moverse, a crear, a tener la experiencia abierta. Vivir bajo llave implica desperdiciar la experiencia por la que estás aquí. Un sinsentido.

YMS – ¿Salió de Cuba Idabell?

IR – Nunca he salido de Cuba. Nunca quise salir de Cuba sin retorno; de hecho, regresaba y regresaba a reencontrarme con mi padre y algunos amigos. Hasta el año 2007, cuando ya empecé a hacer activismo político. Me quise más la vida desde entonces.

YMS – Hablando del no retorno, ¿los invade la melancolía?

IR – A veces me entran ganas de estar frente al Malecón y mirar al mar mucho tiempo, como hacía antes, pero ya he superado todas esas ganas de vivir allá. Mi tierra es esta también, que me deja ser y estar en todas partes.

YMS – O sea, ¿patria es algo más?

AA – En esto estoy con el Martí textual: Patria es humanidad, no esa cosa que pisan las plantas de la gente en Cuba. Patria es diversidad. De hecho, en la génesis del país –Cuba está en lo multicultural, lo diferente retroalimentándose en su perpetuo sal pa'fuera. Cuba es un entra y sale y con eso no ha podido ni el castrismo. Tal vez precisamente por ello no extraño nada de allí, salvo a algunos familiares y amigos, porque Cuba es el mundo –un calabozo del mundo, digamos, pero culturalmente el mundo, su mezcla– y yo vivo en el mundo.

YMS – ¿Qué enfrentaron en esa Cuba que dejaron?

IR –Cuando tu vecino es el mar, no te enfrentas a nada. Vivía en una burbuja de fantasías frente al mar. Mi niñez en Cuba fue bastante feliz a pesar de los pesares, lo más importante era jugar con mis amigos. Y cuando no estaban, pues era maestra y les daba clases a las losas de mi terraza. Fui enfermera, maestra y directora de carnavales, todo eso en mi infancia, ¡qué precocidad!, ¿eh?

YMS – Y Añel, tal vez recuerde sus años de estudiante. ¿Era un buen estudiante?

AA –Fui un pésimo estudiante hasta el tercer grado. A partir del cuarto mejoré mucho gracias a las clases privadas de una profesora que contrató mi abuelo "por la izquierda", porque con los profesores al uso no me entraba la matemática. Fíjate que antes de ser periodista independiente ya había sido estudiante independiente. Siempre he rechazado instintivamente la escuela –y más en el campo–, como todo lo esquemático o acartonado. En general, siempre rechacé la Cuba en la que nací y crecí. Creo que solo se salvaban las playas, y las playas, ya sabes, son patrimonio de la humanidad.

YMS – ¿Y las escuelas en el campo?

AA – Sobre las escuelas en el campo te recomiendo, y a los lectores de esta entrevista, *Ángeles desamparados*, una novela de Rafael Vilches, que retrata en alta fidelidad ese desastre. Un libro duro, profundo y sin embargo ameno.

YMS – ¿Quedaron amigos, o amores de esos años en la memoria?

IR – Ayer mismo le comentaba a Armando, cuando escuchábamos a Led Zeppelin, que esas canciones me recordaban mucho a mi primer novio, que era rockero, y los pasillos de baile cómicos que hacía en las fiestas y cómo usaba los pantalones entubados.

YMS – Pasemos a hablar de la literatura que es el centro del trabajo de ambos. ¿Cómo comenzó Armando a interesarse por las letras?

AA – Siempre leí hasta entrada la madrugada, creo que desde prescolar. Muchas veces amanecía leyendo. Mi primera obra "seria", un poema, lo escribí en un calabozo en el que pasé quince días tras fugarme del Servicio Militar, supongo que también de madrugada. Por esa época, tendría 17 años o poco más, por primera vez leí sistemáticamente poesía contemporánea. A poetas como Ángel Escobar, por ejemplo. Sospecho que los singulares sonetos de Escobar me empujaron a seguir escribiendo poemas. Ya antes era un empedernido lector, como he dicho, y por supuesto había pasado por Martí, Heredia y otros poetas clásicos en Cuba. En los talleres literarios de la Casa de Cultura de Plaza (en La Habana) me beneficié de la sabiduría de los maestros Manuel Gayol y Doribal Enríquez, así como de la compañía de muchos amigos-colegas de entonces.

YMS – ¿Estudios universitarios?

AA – Mi universidad siempre ha sido la casa, la calle, la existencia misma, con una cátedra de lectura y composición autodidactas.

YMS – Y en el caso de Idabell, ¿de dónde surge la pasión por la literatura?

IR – Si te digo la verdad, no me apasiona la literatura. Mi pasión es la danza. También tengo mucho que ver con esta era digital, mi mensaje es conciso, soy muy práctica. Mi tema con la literatura primero fue a través de mi padre, a quien le fascinaba leer y trataba en cierta medida de inculcarme ese amor. Pero sin demasiado énfasis, pues sabía que yo era muy inquieta.

YMS – Cambiando de tema. ¿Se consideran cubanos que pertenecen a un exilio o a una diáspora?

IR – En ese sentido me considero cubana y punto.

AA – Soy un exiliado en la diáspora. Algunas veces, el exilio atraviesa la diáspora sin tocarla. Y viceversa.

YMS – Idabell, ¿cuáles son, a tu juicio, las diferencias entre el exilio cubano en Europa y el radicado en Estados Unidos?

IR – Conozco muy poco al exilio cubano en Europa, y de lo poco que conozco, de los amigos que tengo allí, sé que es mucho más difícil la adaptación y las facilidades para conseguir crédito o hacer una vida mejor que en los Estados Unidos. A diferencia nuestra, que llegamos acá y lo tuvimos todo. EUA es un país ciertamente de oportunidades para todo el que llega.

YMS – Si tuvieran que dividir al exilio cubano por grupos característicos, ¿cómo lo harían?

AA – Dividiría al exilio en dos grupos, y por supuesto estaría generalizando desconsideradamente. El exilio de las "clases vivas" –mayormente formado por profesionales homologados, empresarios, emprendedores, triunfadores, piezas claves del motor de la economía cubana durante la República–, que abarcaría aproximadamente 20 años, desde 1959 hasta más o menos el episodio de El Mariel, y el exilio posrevolucionario que llega hasta hoy. En cuanto al europeo, lo veo como periferia del exilio en general, ya en sí mismo periferia, con las particularidades que son del caso (el hombre ya se sabe lo que es de las circunstancias). Curiosamente, hoy la Cuba geográfica es también periferia de lo cubano raigal (si es que existe lo cubano como acabado o concepto).

YMS – ¿Tienen más derechos sobre el futuro de Cuba los que permanecen dentro de ella que los exiliados?

IR – Siento mucho por ese exilio que llegó aquí al principio, sin gota de inglés, pensando que regresaba pronto, es el exilio de mis abuelos. Soy todos los exilios, soy Cuba. Y tengo tanto derecho como el cubano que vive dentro, o el que vive en Australia, a decidir por el futuro de ella.

YMS – ¿Juega un papel protagónico el exilio?

AA – Pertenezco al exilio activo, optimización de los dos exilios que te mencioné anteriormente. Y ese exilio es protagónico, decisivo, en la lucha por la libertad de Cuba. No solo por las condiciones del escenario específico de esta lucha, sino porque el exilio es tradición cubana. Las dos guerras cubanas de liberación que culminaron en 1898 y 1959 respectivamente fueron concebidas, organizadas y planteadas desde el exilio. Solo que la de 1959 degeneró inmediatamente en una guerra fratricida que ya va por 60 años. Desde su nacimiento, Cuba se ha planteado en términos exiliados.

YMS – Volvamos a Neo Club Press y a la literatura…, Armando, entre tanto editar textos ajenos, ¿qué queda para la creación literaria personal?

AA – Queda algo, como demuestra el hecho de que ya tengo una docena de libros publicados. Con tres o cuatro pendientes de revisión, en *stand by*.

YMS – ¿Cuáles son los géneros literarios en los que te sientes más cómodo?

AA – En casi todos. Salvo en el teatro, que no lo cultivo, me desenvuelvo cómodamente en los demás.

YMS –¿Y hay tiempo para la vida amorosa y familiar?

IR – Hay tiempo para todo. Mis hijos y Armando son mi vida, y mis amigos entran en ese núcleo importante de mí. Para lo que uno quiere, siempre hay tiempo. Tenemos muy buena comunicación, coordinamos y siempre estamos en contacto con quien queremos.

YMS – ¿Cómo lo hacen?

AA – Protegemos nuestro tiempo familiar, precisamente, porque cada vez hay menos tiempo disponible. Cuando maduras, comprendes que estás obligado a potenciar el tiempo.

YMS – Regresando a la política, ¿cuál creen sea el motivo por el que seguimos con dictadura en Cuba?

IR – Son varios factores. Yo pienso que dentro y fuera estamos anestesiados por una realidad impuesta, nos han inhabilitado mentalmente y hecho creer que no podemos cambiar las cosas. Y en el caso nuestro como cubanos que vivimos fuera, Cuba nos importa mucho, pero, como ves, ya tienes otra realidad acá con tu familia. Y así, trabajando en proyectos para la democracia en Cuba, sabes que allí tienen todo el poder y el andamiaje y nos siguen dificultando mucho lo que queremos ir cambiando. También ellos saben que nos han tenido chantajeados con el tema familiar, son muchos los millones y millones de dólares que hacemos llegar a la isla anualmente, otro factor que ayuda a mantener a la dictadura en el poder.

YMS – ¿Algún motivo preponderante?

AA – Hay muchos motivos que en suma constituyen el motivo, ni siquiera siento que deba darle preponderancia a uno sobre otro. Los evidentes, ya los conocemos, pero se trata de una amalgama. Yo mencionaría al nacionalismo acomplejado, que está en el origen del país, como motivo adicional y no menos importante. Y el espíritu caníbal que con tanta frecuencia emerge entre los cubanos, esa cosa cutre de "abajo todo el que suba" que alimentó el triunfo del castrismo y hoy le brinda respiración asistida.

YMS – ¿Alguna recomendación para la oposición interna y externa?

IR – Unámonos en el esfuerzo de liberar a los presos políticos y exigir elecciones libres y plurales y que juzguen a los criminales en Cuba. Trabajemos para educar a la nación del futuro.

YMS – ¿Más estrategias en común tal vez?

AA – Habría que crear más redes entre los diversos grupos. Privilegiar la lucha contra el enemigo común, la dictadura, y trabajar en proyectos conjuntos con más frecuencia. La vida es cuestión de prioridades. Nunca ningún hombre ni organización humana alguna ha podido resolver todos sus problemas o abordar todas sus inquietudes al unísono. Siempre se impone el orden de los factores, y para comenzar se suele escoger la prioridad fundamental. Y la prioridad fundamental de una oposición anticastrista se supone que es hacer oposición anticastrista, no oposición a la oposición anticastrista.

YMS – Los presos políticos son una preocupación constante para ustedes.

AA – Lo mismo que la inmensa mayoría de los cubanos sensibles con el tema de los Derechos Humanos: promovemos su liberación y denunciamos su injusto encierro, así como las condiciones que propician esta realidad carcelaria. No olvidemos que la sociedad cubana es carcelaria en primera instancia: igual que a cualquier centro penitenciario en Cuba, la caracterizan la promiscuidad, la miseria y la falta de derechos. De manera que, en esa pobre isla, la cárcel es la cárcel al cuadrado.

Trabajar con los pies puestos en el presente y con un poco de corazón en el futuro de Cuba, es cosa de Idabell y Armando, el talento de ambos les ha abierto las puertas del éxito y los ha convertido en eficaces promotores de la cultura y las letras, con un público ya bien establecido en Miami y uno en conquista dentro de la Isla, Neo Club Ediciones ya tendrá su lugar en la Cuba genuinamente libre de castrismo, una Isla que Idabell quisiera ver como "el sitio donde se pueda intercambiar información aunque discrepemos, y podamos amplificar pensamientos sin ir a prisión, sin que nos maten" y que Añel sueña como "una isla abierta a la imaginación de todo el mundo."

YOE SUÁREZ

El soplo del demonio, violencia y pandillerismo en La Habana

Converso con el joven periodista habanero, Yoe Suárez, acerca de su libro: *El soplo del demonio. Violencia y pandillerismo en La Habana*, que es, al decir del autor: "una investigación periodística que tiene como centro tres historias en tres décadas distintas y en tres localidades diferentes de la capital", y que "es una oportunidad de revisitar La Habana a sus 500 años desde una perspectiva invisibilizada." La perspectiva de la violencia juvenil y el pandillerismo, tema que el Sistema Cubano prefiere no tocar. Dos de los testimoniantes, explica Yoe Suárez, fueron miembros de grupos pandilleriles –uno extinto ya, y el otro con tendencia a renacer–, mientras que el tercero se abre paso en los bajos fondos delincuenciales por malas lecturas de una fe religiosa.

Yoaxis Marcheco – ¿Cómo conociste a los personajes del libro?

Yoe Suárez – En una fiesta en Marianao, La Habana, conocí a quien finalmente se convirtió en el personaje central del libro. Teníamos un gran amigo en común y, en algún momento de la noche, Raidel, que es como se llama, habló de su adolescencia y su primera juventud repartiendo cadenazos y cintazos en las épicas "batallas" de su banda, Los Punkies, con Los Guapos (una suerte de abuelos de los actuales repas), la danza de la muerte con el VIH Sida, las rompeduras de corazón.

YMS – Y no desaprovechaste la oportunidad...

YS – Pensé que ahí había una historia interesante. Especialmente porque Raydel no solo contaba el surgimiento y vida de lo que hoy llaman tribu urbana, sino que hablaba también de cuidarles las espaldas de un "jíbaro" en el microtráfico de drogas. Esa organización interna para delinquir y lucrar con una actividad ilícita convertía a Los Punkies en algo distinto a un simple piquete de amigos unidos por una vestimenta, un look o el gusto por determinada música.

Poco después encontré, en una colección de revistas *Hogar* que mi madre guarda, testimonios en primera persona de los otros dos protagonistas. De ahí en adelante busqué contactarlos con mayor o menor fortuna, y conversé con personas que formaron parte de sus vidas en el período que me interesaba reconstruir. Incluso, en el caso de una historia, hallé a un exmiembro de una pandilla que tuvo por misión asesinar al testimoniante. Felizmente, no tuvo éxito. Esa increíble oportunidad para constatar o contrastar lo narrado por una de las partes era, a nivel dramático, un lujazo: tener al protagonista y antagonista en el mismo relato.

YMS – O sea, esto último marcó la elección de los personajes...

YS – Elegí los tres testimoniantes que el libro incluye porque, en primer lugar, tenía acceso a sus historias y a su ambiente gracias a personas que los acompañaron. Y eso era fundamental para la investigación: que las personas tuvieran nombre y apellidos.

YMS – La mayoría de las crónicas son de los años 80 y 90, ¿hay pandillas en la actualidad?

YS – Si bien el libro va desde finales de los 80 hasta inicios de este siglo, no significa que hoy no existan grupos de este tipo. Dos de los más conocidos son los Sangre por Dolor y Los 300, ambos ya con varios años de constituidos, y a los que, Dios mediante, estaré investigando en breve.

YMS – ¿Cómo son los niveles de violencia en el presente?

YS – Existen muchos textos de opinión sobre el tema de la violencia en el país y poca investigación, tanto en medios independientes como en los estatales. Que si ha aumentado, que se siente más agresividad, que si existen o no las pandillas. Pero hay muy poco reporteo, asumo que por el limitado acceso a fuentes. Y para conformar un cuadro que ofreciera algunas respuestas a cuestionamientos como esos, lo fundamental era tener personas que dijeran "Yo fui pandillero, yo viví en este mundo, es real". La otra parte que me preocupaba era ofrecer datos, estadísticas, apreciaciones de instituciones que investigaran familia, juventud o seguridad. Y esto pudo incluirse en el libro gracias a una filtración de estudios de un centro estatal que indaga en fenómenos sociales de diversa índole. Quería que el libro trascendiera lo emotivo, lo testimonial, lo narrativamente cuidado, y que ofreciera conclusiones no basadas en sentimientos o percepciones.

En ese sentido, el libro ofrece dos aportes al debate sobre el tema: sí existen las pandillas en Cuba y han existido desde antes del fin del Bloque Comunista, y hay una tendencia desde los años 70 a que desmejore la seguridad ciudadana en La Habana.

YMS – Quiere decir que es preocupante.

YS – Mira, claramente estos grupos delincuenciales en La Habana no tienen, ni por asomo, la presencia social, las maneras de financiarse o el poder de pandillas como la Mara Salvatrucha, la Barrio 18 o los carteles mexicanos. Latinoamérica, especialmente el área del Gran Caribe, es la región donde mayor influencia e impacto ejerce el pandillerismo, al punto de generar ingobernabilidad en zonas de algunos estados, como en el Triángulo Norte centroamericano. Aun así, no podemos, como sociedad, cerrar los ojos y pretender que no existen violencia y pandillas. Las cubanas clasifican como "Pandilla irregular", de acuerdo a la Organización de Estados Americanos (OEA). Esto, a partir de una propuesta de categorización de esos grupos en la región, atendiendo al tamaño, composición étnica, edad promedio de los miembros, criminalidad, duración, territorialidad, etc. Las dos que aparecen en el libro, si bien contaban con un liderazgo respetado eran poco organizadas, su tamaño era de pequeño a medio (15 - 40 participantes), y estaba formada esencialmente por varones adolescentes, étnicamente heterogéneos. Así mismo, operaban en el barrio, sin objetivos explícitos, la existencia es breve, y la criminalidad pasaba de la extorsión, intimidación y otros actos delictivos, generalmente menores, a reyertas con otras pandillas irregulares. "Muchas de estas son espontáneas, reactivas a un ataque de una rival o directamente ordenada por el líder. El delito no forma parte de su 'plan de existencia' aunque muchas veces les reporta 'prestigio' en el contexto en el que viven", explicaba el estudio de la OEA.

YMS – ¿Por qué el régimen cubano ha negado la existencia de pandillas?

YS – La idea del paraíso socialista es un vellocino para decepcionados. Desde el Palacio de la Revolución se niega la existencia de pandillas, principalmente para no desestimular la industria turística. La inseguridad ciudadana le ha cobrado factura a la afluencia de extranjeros en buena parte de América Central y algunos estados mexicanos. Siendo el Turismo la locomotora de la maltrecha economía nacional, y por demás, la única industria que genera el anhelado encadenamiento productivo, hay que cuidarla como copa de cristal.

Aun así, recientemente han salido a la luz casos como la desactivación de una banda de asaltantes de la ciudad de Camagüey. La cobertura la realizó el semanario local, *Adelante*. En este particular, como en las habituales series policiales de las noches de domingo, se expone un caso para encomiar la labor del Ministerio del Interior (MININT). La alerta y el seguimiento noticioso que pudieran hacer los medios de comunicación respecto a sucesos delictivos y las investigaciones, sin amarillismo o sensacionalismo, pudieran alertar a la ciudadanía oportunamente. Máxime cuando ya se vislumbran condiciones para un mayor accionar de redes delincuenciales en la isla. En 2018, la Fiscalía General de la República aceptó que la corrupción en Cuba es más organizada e internacionalizada. Si en 2016 la Contraloría General de la isla destapó 732 casos de corrupción, en 2017 fueron 1012. El poco poder actual de grupos dedicados al tráfico de productos (desde alimenticios, hasta de la construcción), imposibilita la contratación de servicios de sicarios, como ha ocurrido en países de la región. De esa relación nace una espiral de autosuficiencia: los grupos delictivos fortalecen sus negocios al conseguir protección de las pandillas, y las pandillas logran una forma de financiamiento para su actividad violenta. Pero esto pudiera cambiar gracias a la nueva clase corrupta que se arrellana en distintos niveles de poder.

YMS – Vayamos al libro, en una de tus crónicas uno de los muchachos porta una pistola, ¿es eso posible en un país donde la población está desarmada?

YS – Hay pocas armas de fuego en manos de ciudadanos cubanos. Algunas legales, a las que he tenido acceso, son para la práctica cinegética, previo trámite con la Federación Cubana de Caza Deportiva. El MININT es la institución certificada para expedir y controlar permisos para poseerlas y portarlas, y el Decreto-Ley 262 establece disposiciones legales sobre armas y municiones. Existen, en menor medida, algunas no registradas por el gobierno, y una de esas es la que usa el testimoniante del que me hablas. Son por lo general armas cortas que llegaron de los años 50 o no entregadas al Ejército durante las recogidas de los años 60. Recordemos que Cuba era un país altamente armado a causa de la creación de las Milicias de Tropas Territoriales y la concepción de guerra de todo el pueblo, de Fidel Castro. En un barrio de La Habana supe que puedes rentar un arma de fuego para "resolver" un problema con alguien más. Solo tienes que conocer a la persona indicada y ser de su confianza.

También existen, por supuesto, los famosos inyectores o armas artesanales. El libro los muestra en algunas fotos. Para los lectores con los que he tenido *feedback* ha sido interesantísimo este plus visual de *El soplo del demonio*, porque nunca antes habían visto un inyector, les revela una Habana subterránea y ajena.

YMS – ¿Son frecuentes las armas blancas?

YS – Sí, es mucho más frecuente que el uso de armas de fuego. También es frecuente el uso de objetos contundentes. Las cadenas forradas con trozos de manguera están muy en boga.

YMS – ¿Qué ambientes son más propicios para las peleas juveniles?

YS – Las historias del libro no son maniqueas por color de piel o ubicación geográfica, sino que están representando un espectro variopinto y complejo, como es la realidad. Hay un pandillero negro, otro mestizo y otro blanco de ojos verdes; vienen de la periferia, del centro y de municipalidades distintas. Pero vuelvo a tu pregunta. De acuerdo con los estudios referidos en el libro, son más propicios aquellos ambientes de hacinamiento, marginalidad, escasa instrucción, donde las condiciones económicas son precarias. Y me llamó la atención un detalle que se repite, tanto en la vida de los testimoniantes como en las encuestas y estadísticas de las investigaciones sociológicas: donde el padre está ausente.

YMS – ¿Se accede fácil al alcohol y a las drogas?

YS – El consumo excesivo de alcohol y de drogas son tendencias repetitivas en los grupos delictivos –aunque no las únicas– pero también en las actitudes individuales que fracturan la convivencia y tranquilidad ciudadana. Te pongo un ejemplo: en un informe de 2017, funcionarios policiales retrataban cómo se agravó la situación delictiva en barrios habaneros vulnerables como La Corea, El Palenque y El Fanguito. El Jefe de Sector de este último explicó la existencia de catorce expedientes de índice de peligro y el control de "19 personas de interés policial". La localidad está surcada por zonas en que "se reúnen jóvenes para ingerir drogas y alcohol, lo que provoca riñas, desorden público, conductas que han generado lesiones graves y homicidios," según el funcionario policial.

YMS – ¿Por qué estas conductas?

YS – Muchos jóvenes necesitan aprobación grupal, sentir que son parte de algo. A veces ese "algo" pasa por el ámbito delictivo. Hay una excitante sensación de aventura, de hacer algo prohibido, que es tan fuerte como el llamado interior a la prudencia o a la civilidad. Por otro lado, el ejercicio de la violencia (barrial, grupal, ideológica) puede verse como un intento desesperado por alterar el curso de circunstancias que pueden ir de lo particular al plano macro. En el fondo, lo que conduce por uno u otro camino es la certeza de la identidad, saber quién eres y qué defiendes. La búsqueda de identidad –ese proceso introspectivo, de compromiso consigo mismo que pasa por la autoaceptación y un fuerte anclaje a la realidad y la civilidad–

está siendo constantemente evadido por nuestra generación; no solo en Cuba, sino en Occidente.

YMS – ¿Existen organizaciones estatales con programas destinados a la prevención de la delincuencia juvenil?

YS – El Estado cubano dispone de un sistema de atención a menores en poblaciones de riesgo social. Las Escuelas de Formación Integral y la Dirección de Menores del MININT son parte de esa estructura.

YMS – ¿Esto es lo ideal?

YS – Lo ideal es permitir que aún más colectivos e instituciones, desde la sociedad civil, se acerquen a los necesitados de asistencia social. El ejemplo de cómo capellanías protestantes han trabajado, con más o menos éxito, en la rehabilitación de expresidiarios y expandilleros, es encomiable. Algunos, incluso, aunque no terminan en la iglesia, se reinsertan en la sociedad y disminuyen los índices de reincidencia. Soy testigo de cómo los capellanes de la Liga Evangélica, por mencionar una entidad de la sociedad civil, asisten a los necesitados a través de permisos gubernamentales con ayuda material, espiritual y consejería. Otras instituciones pueden aportar desde ámbitos diferentes. El asunto para el gobierno debe ser sumar, no restar, porque hay personas envueltas en un submundo oscuro del que quieren y a veces no pueden salir.

YMS – Otro tema que tocas en el libro es el contagio del virus del Sida en la población más joven de los 90. ¿Cuál es la situación actual?

YS – En Varadero, por ejemplificar, el número de prostitutas creció casi nueve veces, de 122 a 1050, en los dos primeros años del Período Especial. Sin embargo, de toda la población infectada con VIH Sida, las mujeres constituían solo un 27,6%. Hasta febrero de 1997 había mil 492 casos diagnosticados. Las más recientes estadísticas del Centro Nacional de Promoción y Educación para la Salud muestran que hasta noviembre de 2019 casi 27 mil personas integran el registro de infectadas con el VIH Sida. La tasa de incidencia entre distintos grupos está jerarquizada de la siguiente manera: mujeres transexuales (casi un 20 %), hombres que tienen sexo con hombres (5.6 %), y quienes se prostituyen (casi un 3 %).

YMS – Expresas que la historia de Cuba se ha forjado con violencia; si es así, ¿por qué el pueblo de Cuba no se revela contra el sistema castrocomunista?

YS – Precisamente, porque el mayor y más constante ejercicio de la violencia, desde la conquista hispánica, lo viene liderando el comunismo.

YMS – Visto como lo ves, ¿hay esperanza para los cubanos?

YS – No quiero pecar de cubanocéntrico, pero somos un pueblo ingenioso, alegre y empecinadamente optimista. ¿De qué otro modo podríamos sortear las vicisitudes por las que han pasado tantas generaciones? Por otro lado, creo que la desesperanza sí se va incorporando al ADN nacional, y eso es preocupante. La migración puede leerse como signo de la opresión e ineptitud política gubernamental, o como el rostro más visible de la desesperanza.

YMS – ¿Qué retos le esperan a la Cuba futura sin totalitarismo?

YS – El país comienza a cobrar vida. Los debates dentro de la propia sociedad civil ya arrancan tantos titulares como los de la sociedad civil con el Estado. Ese es un buen síntoma. Pero creo entrever un mimetismo de maneras totalitarias, y eso empaña ciertos activismos: campañas de descrédito político, ciberacoso, hay quien ha usado los medios para meterse con la familia de alguien con quien no coincide en alguna idea. Eso se vio y lo viví en la pasada consulta constitucional y cubanos buenos sufrieron. Pareciera que la inexistente democracia cubana pretende correr hacia arrebatos pueriles antes de gatear. Ir directo a la adolescencia solo para hacer catarsis. El reto mayor es escuchar al otro. El reto mayor es usar el argumento. El reto mayor es no preferir la destrucción del otro que piense distinto. El reto mayor será la coexistencia. En el caso de las pandillas y la criminalidad organizada hay otros retos. El catedrático del Instituto Tecnológico Autónomo Mexicano, Vidal Romero, cree que una característica común de los procesos de liberalización económica y política es un debilitamiento, temporal en la mayoría de los casos, del orden público. Así sucedió en muchos países de Asia, Europa Central y del Este tras la caída del comunismo, y en varios países latinoamericanos después de la ola democratizadora de finales de la década de 1990 y principios de la siguiente. Los mercados negros constituyen redes criminales, no nos llamemos a engaño. Si bien por ahora trafican bienes que consideraríamos inofensivos —como teléfonos, langostas o camisetas—, su estructura puede servir para otros fines no tan inocuos, como el tráfico de drogas, armas, influencias o personas.

YMS – Volviendo otra vez a tu libro, ¿cuál editorial lo publicó?

YS – Boca de Lobo Editores, que es un experimento y un sueño hecho realidad. Es una editorial que arrancó el año pasado con un pequeño colectivo para publicar los libros cubanos de periodismo, testimonio, biografía, etc., que nos gustaría leer. La idea es cubrir un espacio inexplorado hasta ahora para difundir la no ficción en el país. *El soplo del demonio* es el primer título editado. Como los científicos de otros siglos, que inoculaban una vacuna en ellos mismos antes de proponérsela al resto del mundo, quería saber si Boca de Lobo tendría la capacidad para editar, maquetar, diseñar, imprimir y distribuir libros en Cuba. Y sí. Ahora Boca de Lobo se prepara para más.

YMS – ¿Cuántas presentaciones ha tenido?

YS – *El soplo del demonio* ha tenido dos presentaciones. Una en el proyecto comunitario Visión Edén, en Marianao, un par de meses atrás, y la primera en el mes de julio, ante una decena de personas entre reclusos, familiares y capellanes, en la prisión 1580 de San Miguel del Padrón, de La Habana. Esto fue un privilegio para el que la discreción era clave. A esos lectores, en prisión, el libro puede hablarles mucho más que a alguien afuera. Sentí cómo añoran el día de la visita, el conocer a alguien presto a escucharlos. Algunos de ellos son atendidos directamente por iglesias, pues sus familias no quieren verles. Como en pocos lugares, he sentido la soledad. La percibí en las preguntas sobre la ciudad, en el agradecimiento de un recluso cuando recibió un par de espejuelos nuevos, en el abrazo de otro que se aferraba a una Biblia recién traída. Uno de ellos me dijo que cuando volviera a su pueblo nadie le iba a creer que el autor del libro (y blandía *El soplo del demonio*) se lo había regalado y conversó con él así de cerca. Son palabras que te marcan. El hombre llevaba más de 20 años preso.

YMS – ¿Cómo se puede adquirir?

YS – No hemos coordinado una tercera presentación de *El soplo del demonio* aún, pero ese sería el mejor espacio para conseguir el libro. No obstante, mucha gente me ha escrito por redes sociales, email o SMS y se ha llevado algún ejemplar.

Es bonito ver cómo algo en lo que trabajaste por un año despierta tanto interés en las personas. Creo que la gente quiere saber, necesita saber más sobre la ciudad y el país en que viven, y en eso estamos: llevando luz.

AMIR VALLE

La Cuba de sus recuerdos

Converso con Amir Valle, quien se autodefine como: "cristiano, cubano, periodista, investigador, padre de familia, amigo". Un escritor con todas las letras en mayúsculas, al que es imposible excluir de lo más relevante de la literatura cubana contemporánea por la calidad de su abundante creación literaria publicada por las editoriales más importantes del planeta, o por ser el autor de *Habana Babilonia. Prostitución en Cuba*, el libro censurado por el castrismo que tiene récord imbatible de lectura subterránea (underground) entre los cubanos de dentro de la Isla, una investigación que muestra la realidad de la prostitución en Cuba, jineterismo como se le conoce en la Isla, tema tabú para el sistema castrocomunista. Amir ha pagado la cuota de dolor que trae consigo el destierro, por haber ejercido la libertad dentro y fuera de las fronteras cubanas, por tomarse en serio que la labor de un periodista es defender la verdad, y declara que ha sido su fe en Jesucristo la que lo ha hecho enteramente libre. Este hombre, en sí mismo, es una institución que se ha enriquecido tras su forzado destierro.

Yoaxis Marcheco: Háblame de tu niñez, Amir.

Amir Valle – Tuve en verdad una niñez feliz y de ella conservo muchos recuerdos hermosos. Todos ellos vinculados a mi familia, de origen español. Y esa niñez transcurrió en tres espacios muy distintos: mi Guantánamo natal, donde apenas estuve unas semanas (y adonde regresaba solamente en las vacaciones escolares); un pueblito en el campo oriental en Holguín, llamado Antonio Maceo (porque estaba junto a un central azucarero con ese nombre) y la ciudad de Santiago de Cuba, donde creo que se consolidó ese ser humano que todos conocen como Amir Valle.

YMS – ¿Me cuentas algunos de esos recuerdos?

AV – Cuando pienso en esos años, mirándolos desde el escritor que soy, se imponen dos imágenes recurrentes: la primera, las cálidas noches en el pueblito Maceo, en las que mi madre se metía conmigo bajo el mosquitero que cubría mi cama como una idílica cueva y, mientras yo jugaba con su hermosa cabellera negrísima, comenzaba a leerme historias fascinantes de esos libros que siempre poblaron los estantes de nuestra casa; y la segunda, momentos mágicos en los que, después de mataperrear por las calles del pueblo, corriendo bajo los aguaceros o escapándome a bañarme al río con mis amigos, me sentaba a los pies del inmenso librero que me habían regalado mis padres y, acostado sobre el piso de cemento pulido, escribía en hojas de libreta las que fueron mis primeras historias.

YMS – ¿Cómo fue la experiencia de estudiar y graduarse de una carrera tan compleja en un medio hostil para la libertad de expresión?

AV – Esa experiencia la debo al consejo de mi mentor literario de esos primeros años: el escritor Eduardo Heras León. Yo, ciertamente, me inclinaba más a las ciencias: me encantaba la química, la física e incluso fui campeón en unas "Olimpiadas de Matemáticas" que se realizaban en aquellos años, a nivel provincial y nacional. Estudiando en la Vocacional Antonio Maceo, en Santiago de Cuba, estuve en un Círculo de Interés de Petroquímica y allí nació mi deseo de convertirme en Ingeniero Petroquímico o Ingeniero Físico-Termonuclear, para lo cual debería ir a estudiar a la antigua URSS. Pero llegado el momento de llenar las boletas, Heras León me dijo: "piensa, Amir, si quieres pasarte la vida entera entre aburridos números y fórmulas, o creando tus mundos como escritor". Decía que la carrera más útil para un escritor era la de periodista, y me habló mucho de uno de sus ídolos, Ernest Hemingway, y de cómo el periodismo se convirtió en la columna vertebral de la literatura hemingwayana. Eso terminó de convencerme. Pero aun así no era mi primera opción, al menos por preferencia, de modo que en la planilla que entregué estaba Derecho, Psicología y Periodismo, como tercera y última opción. Pero entonces hacían una entrevista a los aspirantes a periodistas y durante esa entrevista, que aprobé fácilmente porque mi vicio de leer era tan descomunal que me leía hasta los prospectos de las medicinas que mis abuelos tomaban, descubrí que aquella, la de periodista, era la profesión que yo quería ejercer. Gracias a los excelentes resultados de esa entrevista fui uno de los pocos seleccionados por la provincia de Santiago para estudiar la Licenciatura en Periodismo.

Estudiar la carrera fue un tiempo hermoso, sin dudas, inicialmente de mucha camaradería y muchas ilusiones. Todavía, a pesar incluso de diferencias ideológicas, conservo amigos periodistas que hice entonces. Tuve la suerte de comenzar mi carrera en Santiago de Cuba y, cuando ya iba a pasar al tercer año, me mudé para la capital, así que terminé mi carrera en la Facultad de Comunicación Social de la Universidad de La Habana. Eso me permitió vivir en los dos únicos entornos formadores de periodistas en el país en esos tiempos, y por ello conocí a casi todos los que después serían los periodistas que trabajarían como propagandistas de la Revolución en toda la isla. Aquí debo hacer una pequeña pero necesaria digresión: Muchas veces se pierde la perspectiva de algo muy importante en la realidad social cubana: aunque uno vive en un país de represión, hay mucha gente que dice que no la vio, que no supo nada de eso, y eso suele ser cierto. Todo depende del entorno en el que se viva. Te pongo mi caso: En Santiago de Cuba, además de vivir en una familia de clase media (maestros mis padres, médicos mis tíos) yo me movía en un entorno de gente que creía y luchaba por la Revolución. Era un entorno en el que cuando se conocía de un error, una injusticia, lo usual era escuchar aquella ingenuidad de "esto pasa porque Fidel no lo sabe".

YMS – ¿No conociste a nadie crítico del sistema en aquel entonces?

AV – La primera vez que escuché hablar en otro tono, en un tono crítico, desilusionado, fue en casa de uno de mis mejores amigos, el escritor José Mariano Torralbas, hoy residente en Miami. Su entorno era distinto y pese a haber sido profesor en uno de los centros educacionales más importantes de Santiago, él había sufrido en carne propia las consecuencias como profesor de todo el andamiaje de mentiras y fraudes sobre el que se asentaba el sistema educacional. A él debo uno de mis primeros encontronazos con esa otra realidad, que existía, sí, pero estaba bastante lejos de mis predios cotidianos. Ya en La Habana, aunque con los ojos un poco más abiertos, seguí viviendo en un entorno familiar comunista (diplomáticos de alto nivel, parlamentarios también de alto nivel del Poder Popular, etc.), pero la censura, la atmósfera de chivatería que existía en los predios universitarios, la competencia desleal se me hizo palpable pocos meses después de mi arribo a La Habana: como puede leerse en libros y artículos de periodistas como el cubano Wilfredo Cancio o el español José Manuel Martín Medem, por sólo citar a los dos que más han insistido en el tema, fui uno de los protagonistas de la famosa reunión en la que, los por entonces estudiantes de periodismo, acorralamos a Fidel Castro en 1987. Esa reunión es, hasta la fecha, el parteaguas del periodismo oficialista cubano, pues marcó un antes y un después en la historia del periodismo "revolucionario". Antes de eso, Fidel creyó que conservaba su monopolio propagandístico a salvo de cualquier rebelión y por ello le dio de lado a ese tema y lo pasó a las garras de testaferros fieles como el siniestro Carlos Aldana, que no era otra cosa que un mediocre con todo el poder a su alcance. Pero después de nuestra reunión, Fidel supo que tenía que controlar personalmente esa área, para evitar nuevas rebeliones que pudieran triunfar (nuestra rebelión, aquella de 1987, fue un fracaso en muchos sentidos, pero era una rebelión precisamente de quienes él consideraba "el ejército ideológico de la Revolución"), y su estrategia a partir de ese momento fue fiscalizar todo, concentrar aún más el control político sobre los periodistas, establecer un sistema de vigilancia aún más cerrado del que ya existía y, más que nada, dividirnos, fomentar aún más el miedo entre nosotros. Muchos fuimos castigados, marginados, enviados a cumplir el servicio social a sitios inhóspitos donde debíamos "enmendarnos". Siempre me pregunté qué había pasado que, habiendo conseguido notas excelentes y pudiendo hacer mi servicio social allí mismo en La Habana, en la importante agencia Prensa Latina, como especialista en Medio Oriente (pues mi tesis, muy elogiada, había sido sobre el conflicto israelo-palestino), no prosperó ninguna de las muchas solicitudes de mis mentores en Prensa Latina y, finalmente, me destinaron a Cienfuegos, a la emisora Radio Ciudad del Mar.

YMS – Te castigaron...

AV – Fue un castigo, sí, y así lo sentí inicialmente, pero compartir allí con seres humanos especiales que se esforzaban en verdad por hacer buen periodismo: Antonio Colarte, Marta Hernández Casas, Digno Rodríguez, Roxana Aedo, Valesy Poutou, Ana Estela Martínez, o buen radio: Odalys López, Fabio Bosch, Alfonso Cadalzo, Doris Era; conocer allí a la que sería mi esposa durante 7 años, y enfrentarme una vez más a la cara oculta de las mentiras del periodismo oficialista, fue un verdadero aprendizaje que mucho agradezco. En resumen, que como les ha pasado a muchos, comencé a estudiar el periodismo con una inocencia y una ilusión que se fue cayendo por su propio peso con el paso del tiempo. Ese brusco descubrimiento, que sucede en todos los casos sin distinción, es lo que yo he llamado en otras entrevistas "el punto de giro del periodismo en Cuba": el momento en que el joven aspirante a periodista se ve cara a cara con la verdad y la mentira en el modo de trabajar en la prensa en Cuba y tiene que elegir por cuál sendero seguirá caminando: el de la simulación o el de la rebeldía. Es una decisión difícil, lo sabemos, en muchos casos terrible.

YMS – ¿Como periodista cuál fue tu mayor desafío en Cuba?

AV – Decir la verdad siempre ha sido el desafío para un periodista en Cuba. Porque Fidel Castro, desde que descubrió que cuando la prensa se concentra en una sola mano deja de ser prensa y pasa a ser propaganda, puso límites muy claros a la verdad. No por gusto sus primeras acciones concretas de control social fueron la eliminación de la libertad de prensa hasta monopolizarla a mitad de la década del 60. Ese fue durante muchas décadas uno de sus mayores logros:

la verdad perdió su natural esencia (esa que nace del latín "veritas", que es en simples términos la concordancia entre lo que se dice/piensa/cree con lo que "es") y la transformó en la concordancia entre lo que se dice/piensa/cree con lo que "el poder quiere que sea"). Tuve el privilegio de trabajar en Cienfuegos cubriendo periodísticamente las que se consideraban las "Obras de Choque del Milenio": la construcción de la Refinería de Petróleo y la Central Termonuclear de Juraguá. En ambos casos, en mi trabajo como periodista, tuve evidencias de que, aunque el gobierno las anunciaba como de próxima terminación, aquellas obras no se terminarían en el plazo puesto personalmente por Fidel Castro, más que nada, por la gran cantidad de irregularidades en el proceso constructivo, por la falta de abastecimiento de los materiales de calidad necesarios y por la larga saga de impagos y desacuerdos entre las partes cubanas y extranjeras implicadas.

Con muchas de aquellas evidencias le pregunté al Director de la emisora cómo pretendían que yo mintiera diciendo algo que, según los hechos, no sería posible. Me llevaron entonces ante el Primer Secretario del Partido Comunista en Cienfuegos, que era un hombre a quien respetaba yo por su honestidad y humildad, Nelson Torres, y con la más pasmosa tranquilidad me dijo: "el 26 de julio esas chimeneas tienen que estar echando humo, porque el Comandante lo ha dicho, y van a echar humo, te lo aseguro". Eso fue en 1989.

YMS – ¿Y echaron humo?

AV – Las chimeneas de la refinería echaron humo, sí, pero en 2007. La Central Electronuclear, que lo único que aportó fue la construcción de la famosa Ciudad Nuclear, todavía hoy es un esqueleto en medio de una ciudad cada vez más fantasmal y desierta. Estoy escribiendo un libro donde cuento muchas de esas anécdotas, pero puedo asegurar (y con pruebas, que las conservo) que lo mejor que pudo pasarnos a los cubanos fue que la Central Termonuclear muriera del modo abrupto en que murió, aun cuando ello haya significado la muerte casi real de miles de familias que se favorecieron durante un tiempo con esa "obra de choque". Desde ese momento, 1989, ingresé en un listado de "periodistas no confiables", como me contó años después el fallecido Julio García Luis, quien fuera presidente de la oficialista Unión de Periodistas de Cuba, a quien debo, mediante varias maniobras secretas a mi favor, que algunas de las trampas que prepararon los censores en mi contra no llegaran a buen puerto.

YMS – Vayamos a un tema en tu caso inevitable de tocar, la literatura. ¿Cuántos libros publicaste en Cuba?

AV – Ese es un chiste que suelo hacer a quienes me visitan en mi casa de Berlín. Los llevo al estante donde están todos mis libros, en todas sus versiones y traducciones, y les muestro los pocos centímetros ocupados por los libros que publiqué en Cuba desde 1988 (cuando salió el que considero mi primer librillo: Tiempo en cueros) hasta el 2004; es decir; 11 libros en 16 años, por suerte, publicados en las más importantes editoriales cubanas, casi todos como resultado de premios nacionales que obtuve. Luego les enseño los dos estantes de los libros que he publicado, en las más importantes editoriales de lengua española, alemana, francesa, italiana e inglesa, entre otras ediciones: 25 títulos en 13 años. Algunos de estos libros los escribí viviendo aún en mi querida Centro Habana, pero son libros que la censura jamás permitiría publicar en ninguna editorial allá. Aparte de lo horrendas que son las portadas de los libros que publiqué en Cuba y los atractivos diseños de portada de los que he publicado desde que vivo fuera de la isla, lo que más les llama la atención a estos visitantes es lo prolífico que he sido en mi destierro. Como te dije antes, yo empecé a escribir muy temprano, a los siete u ocho años. Y todo comenzó después de leer *Las aventuras de Tom Sawyer*, de Mark Twain, porque encontré muchas similitudes entre el mundo de Tom y mi propio universo infantil: vivíamos en un pueblo de campo de casas de madera y cercas de madera; no muy lejos pasaba un río (aunque en su caso fuera el enorme Misisipi y en mi caso un riachuelo sin nombre que sólo era caudaloso con las crecidas de los tiempos de lluvia); el amor de Tom era la pecosa Becky y mi noviecita de esos años se llamaba Betty, e incluso el malo al que Tom temía, el indio Joe, se parecía mucho al malo de mi pueblo, el Loco José, vestido siempre con ropas negras y rotas, como un espantapájaros, que alguna que otra vez al mes llegaba desde el caserío cercano de Mir, se metía a dormir en las cañadas de una laguna en las afueras del pueblo para cazar pineas salvajes, una especie de gallinas enanas que acudían a la laguna a poner sus huevos y a las que, según las historias que nos contaban los mayores para evitar que fuéramos a bañarnos a la peligrosa laguna, devoraba crudas. De la impresión causada en mí por *Las aventuras de Tom Sawyer* salió mi primera "novela": unas siete hojas de libreta escolar, escritas con mi horrenda y enorme letrona, que contaba la historia cursi de un muchacho de campo que se va a la guerra, hace muchas heroicidades y regresa convertido en un héroe para casarse con su amada Betty. Cuando leí aquellas páginas años después, quise romperlas, ¡¡¡era horroroso todo, una vergüenza que alguien leyera aquello!!!!, pero mi madre me las arrebató y las guardó lejos de mi alcance, orgullosa. Ahora que ella ha muerto, deben estar allá en mi casa en Cuba, en un sitio que sólo ella sabía.

YMS – Fuiste un escritor laureado, entre los reconocimientos que se te otorgaron en la Isla estuvo el Premio UNEAC de Testimonio 1988, ¿con cuál obra lo ganaste?

AV – Fue mi primer *best seller*: *En el nombre de Dios*, un libro de testimonio. Entrevistas que yo había hecho a mis compañeros de carrera de periodismo en Santiago de Cuba. Palestinos cuyas vidas estaban marcadas por las conocidas masacres de Sabra y Shatila. Era, obviamente, un libro correcto, desde la perspectiva del gobierno, pues respondía a los intereses que defendía la Revolución: defender a los palestinos y condenar a Israel. Y es una obra que me dio la alegría de miles de lectores en todo el país, además de un premio como el UNEAC (de la Unión de Escritores y Artistas de Cuba), el más importante del país en esa época, a mis 21 años. Pero después, cuando comencé a estudiar a fondo el problema entre palestinos e israelíes, cuando tuve acceso a la historia de ese conflicto en ambos lados, me di cuenta de que era un libro muy parcial, donde sólo se mostraba una parte de la verdad y, lamentablemente, es un problema histórico en el que ambas partes tienen culpas que esconder, y ambas partes tienen verdades que mostrar. Ambos han sido víctimas y victimarios. No hay ahí nada en blanco y negro.

YMS – ¿Te sentías un intelectual exitoso?

AV – Como he dicho en muchas entrevistas y en el documental "Amir Valle: Vida y Coherencia", que el director Ricardo Bacallao hizo sobre mi vida y obra, llegar al éxito tan temprano, ser considerado una de las principales voces de la narrativa joven en esa época, ganar a edad muy temprana premios que casi siempre ganaban autores consagrados, y lograr una visualidad a nivel nacional en todo el mundo de la cultura, me hizo creer un elegido. Y de ahí, sin mucha transición, llegué a ser un verdadero monstruo de autosuficiencia. Eso me trajo muchos problemas, muchas incomprensiones, muchos enemigos, y sólo a base de los golpes que ese modo de ir por la vida me fue dando, llegué a entender que perdía mucho siendo así. Conocer a Jesucristo, finalmente, me liberó de esa carga, pero es todavía hoy una de mis mayores peticiones al Señor: humildad en medio de todos esos logros que Él me ha regalado internacionalmente desde que lo acepté como mi redentor.

YMS – Tu libro: *Jineteras* y *Habana Babilonia*, son el resultado de una profunda y muy valiente labor periodística que llevaste a cabo en el mundo de la prostitución, tema tabú para el régimen cubano. ¿Cómo pudiste acopiar todos esos testimonios?

AV – Antes de responder tu pregunta, para evitar confusiones, debo aclarar que se trata del mismo libro en dos versiones distintas: el primer original de ese libro, resultado de cinco años de investigación, se llamó *Judas nuestro que estás en los cielos o Prostitutas en Cuba*, y con ese título fue que lo presenté al Premio Casa de las Américas en 1997. Luego, en ese maremagnum secreto de lecturas clandestinas que vivió ese libro en la isla, alguien le cambió el título y le puso *Habana Babilonia o Prostitutas en Cuba* y, como me gustó, decidí dejárselo oficialmente. *Jineteras* es el nombre que la editorial Planeta le puso a la segunda escritura o versión, algo más profunda, que incluye materiales de un par de años más de investigación. Era un nombre más comercial y mi agencia literaria estuvo de acuerdo, pero después, en todas las versiones y traducciones posteriores, hemos utilizado el nombre de *Habana Babilonia. Prostitución en Cuba.*

YMS – Muy buena aclaración. ¿Y en cuanto a los testimonios?

AV – Sería muy largo responder a la pregunta de cómo pude recopilar tanta información. Realmente fue mucha, más de la que pensé inicialmente. Pero, resumiendo bastante, podría decirte que confluyeron muchos factores: yo trabajaba en una publicitaria de turismo, en Cubanacán S.A, y allí tuve mi primer contacto con las primeras "jineteras". Pero también vivía en un barrio, Cayo Hueso, en Centro Habana, donde la figura de la "luchadora", que luego derivaría en "jinetera", era cosa del día a día. Muchas de ellas eran mis vecinas, e incluso algunas eran mis amigas y hasta con una de ellas, años atrás, había tenido una tumultuosa relación. Además, tuve la suerte de que uno de los "alcaldes de la marginalidad" en Centro Habana, un personaje muy controvertido pero humanísimo que era uno de los grandes mandamases de los bajos mundos habaneros, era el abuelo de una de mis compañeras de aula en la Escuela Vocacional, y como al hombre le apasionaba la historia, como a mí, tuvimos conversaciones largas y muy interesantes sobre su mirada y su experiencia de vida en esos barrios, que él conocía a profundidad desde que siendo muy joven comenzó a trabajar como guardaespaldas para el mafioso norteamericano Meyer Lansky. Finalmente, otra gran coincidencia: una de las más renombradas jineteras de La Habana resultó ser una gran amiga de mi adolescencia, pues fue la novia, el amor de la vida, de mi mejor amigo en esos tiempos, fallecido a muy corta edad. Todo eso hizo que se abrieran ante mí muchas puertas que para otros investigadores permanecían cerradas. Pero, he insistido mucho en este detalle, otros autores han estado apenas unos meses, o tal vez un año, intentando estudiar el fenómeno, y yo, además de estar dentro del fenómeno, pues incluso viví alquilado con mi segunda esposa un tiempo en casa de una jinetera, pasé primero cinco años investigando, y luego, una vez terminada la primera escritura, casi tres años más buscando en nuevas fuentes y actualizando todo, porque es un mundo que cambia bastante, buscando adaptarse a las nuevas circunstancias.

YMS – ¿Escribir ese libro se convirtió en tu cruz?

AV – Obviamente, como sucede siempre en cualquier dictadura. He dicho muchas veces que en Cuba tú puedes escribir de cualquier cosa, pero siempre y cuando no vaya contra lo que el discurso oficial quiere hacer público ante el país y a nivel internacional. Los comisarios culturales, que han sido casi los mismos en las últimas cuatro décadas, se han encargado de hacerles saber a los escritores y artistas cubanos hasta dónde pueden llegar en sus incursiones creativas si el tema es la realidad cubana. *Habana Babilonia*, por ejemplo, se escribió y circuló clandestinamente en un año en que la administración norteamericana y algunas naciones europeas criticaban el ascenso de la prostitución en Cuba y ello, naturalmente, provocó una reacción muy airada de Fidel Castro, entre otras, aquellas palabras suyas de que "nuestras jineteras son las más cultas y saludables del mundo", disparate pronunciado en uno de sus discursos televisivos que, por ser una pifia tan escandalosa, en cuestión de horas fue eliminado de la versión que el periódico *Granma* había publicado originalmente. El propio Julio García Luis, a quien ya mencioné antes, y el también periodista oficialista Guillermo Cabrera Álvarez, dos personas con quienes mantuve amistad por sus mentes bastante abiertas pese a los cargos que desempeñaron, uno mientras fue presidente de la Unión de Periodistas (UPEC) y el otro mientras dirigía el Instituto Internacional de Periodismo José Martí, me contaron dos anécdotas muy curiosas sobre la reacción de Fidel Castro ante mi libro. Las he relatado ampliamente en otras entrevistas, así que no voy a repetirlas aquí. Esas reacciones del "Máximo Líder", en reuniones privadas, y en una declaración pública en la televisión, desataron sobre mí una verdadera vorágine de represalias, ataques, marginaciones y traiciones dolorosas que, aferrándome a la ayuda de Dios, he decidido olvidar y perdonar, pues muchos de quienes me atacaban, marginaban, traicionaban y preparaban toda aquella estrategia de denigración habían sido hasta poco antes amigos o colegas muy cercanos. Pero, si no bastara, de la investigación que hice para *Habana Babilonia* salieron otros casos reales, criminales en su mayoría, que no me entraban en el tema del libro y por ello decidí novelarlos en mi serie de novelas policiacas "El descenso a los infiernos", sobre la existencia de droga, pandillerismo, prostitución, mercado negro y otras acciones criminales en los barrios de Centro Habana y Habana Vieja. Y de esa serie, cuando estalló el escándalo de *Habana Babilonia*, yo había publicado dos novelas que tuvieron gran resonancia y habían ganado incluso premios importantes de la crítica en Europa. Esos triunfos: que miles y miles de cubanos circularan y leyeran clandestinamente copias de *Habana Babilonia*, pese a los esfuerzos oficiales por silenciar el libro, y que triunfaran en Europa mis novelas negras con esos temas de la marginalización de la sociedad cubana que el oficialismo quería ocultar al mundo, era algo que los comisarios culturales no podían permitir y maniobraron con todas sus jugadas sucias para hacerme cargar con una muy pesada cruz: la del escritor apestado al que todos deberían condenar o, al menos, evitar. Lo lograron, pues mis cinco últimos años en la isla fueron un verdadero infierno, para mí y para mi familia.

YMS – ¿Por eso te fuiste de Cuba?

AV – Yo no me fui de Cuba. Lo he dicho muchas veces. Literalmente "me fueron". Por eso siempre digo que no soy un exiliado, soy un desterrado. Otra vez apelando a un cerrado resumen podría decirte que las autoridades cubanas aprovecharon uno de mis viajes a Europa en 2005, en esa ocasión para una gira de presentación en España de mi novela negra *Santuario de sombras*, y me impidieron entrar a mi país cuando llegó el momento de regresar al final de esa gira. He contado que cierto comisario cultural, muy conocido por ser un lamebotas y por su negra melena, dijo en una reunión: "Amir es una papa podrida y ya sabemos lo que debe hacerse con esas papas para evitar que contaminen al resto". Llegado este momento prefiero citar extensamente mi respuesta a una entrevista que concedí a mi admirada colega María Elena Cruz Varela. A ella le expliqué: "Ese lector hipotético se preguntaría: ¿y por qué esa jugada sucia, en vez de lanzarlo tras las rejas como han hecho con otros escritores, artistas e intelectuales críticos? Y llegado este punto me toca ser pedante y hablar de cosas que creo son necesarias para entender esta situación: llegué a gozar de un protagonismo en el universo cultural cubano y europeo que me daba una visibilidad nacional e internacional que, en cierto modo, me blindaba, así que reprimirme tan burdamente sería un error. También, ya algunas prácticas gubernamentales comenzaban a relajarse y la represión, después de la repulsa internacional que recibió la dictadura por los encarcelamientos durante la Primavera Negra de 2003, les hizo replantearse algunas estrategias de control de la intelectualidad que distaban mucho de la torpeza y la prepotencia de los horrores que, en los noventas, por ejemplo, te hicieron a ti, o a Manuel Vázquez Portal, o a Raúl Rivero, como les habían hecho a tantos otros, años antes. Pese a que en esos años los comisarios decían públicamente que las únicas "papas podridas" que seguían moviéndose en los escenarios oficiales de la cultura eran Antonio José Ponte, José Prats Sariol, Rafael Almanza y yo, realmente nosotros la tuvimos más fácil, pues alguien en las alturas había logrado convencer al Líder Supremo de que había que apelar a la sutileza para reprimir, ya que se corría el riesgo de seguir perdiendo el apoyo de la intelectualidad internacional de izquierda, que llegó a horrorizarse con los ensañamientos oficiales contra ustedes en la Carta de los Diez primero y, después, con la razzia contra la prensa independiente en 2003. Yo no era en lo absoluto un opositor, pero sí lo eran mis ideas, y siempre dejé claro que no pertenecía a ningún partido ni grupo opositor y eso les impedía encasillarme como "mercenario del imperio", "miembro de grupúsculos" y esas etiquetas que siempre utilizan. Tanto fue así, que cuando el antes mencionado melenudo Comisario Cultural dio una reunión nacional donde prohibía oficialmente mi nombre (y el de otros colegas) en el escenario de la cultura (no podía publicársenos, invitársenos a eventos, mencionársenos en estudios y publicaciones, etc.) la excusa que dio fue: "Amir trabaja para esa señora (hacía referencia a Patricia Gutiérrez Menoyo y el proyecto Colección Cultura Cubana) y de esa señora no sabemos sus intenciones". Por otro lado, gran parte de mi generación, básicamente los narradores, me consideraban una especie de líder generacional; gracias a los talleres de escritura que gratis y fuera de las instituciones impartí durante años en La Habana y en otras partes de la isla, la mayoría de los escritores de las nuevas generaciones eran mis alumnos y me profesaban un respeto incluso reverencial; otros muchos escritores jóvenes estaban agradecidos a mi labor promocional, pues los había publicado por primera vez en revistas extranjeras con las que yo colaboraba o en antologías que preparé; el impacto social que tuvo la circulación clandestina de mi libro sobre la prostitución en Cuba, *Habana Babilonia*, me había convertido en un nombre muy conocido más allá del escenario cultural y, aunque sólo logré publicar en Cuba una novela porque ganó un premio de literatura erótica y no publicarlo sería una evidencia muy abierta de censura, mi serie de novelas negras sobre casos criminales en La Habana me había abierto las puertas de Europa y varias de ellas habían ganado premios importantes, además del favor de la crítica española y alemana. Era menos torpe lanzarme al destierro que reprimirme, pues también curiosamente muchos de mis promotores en Europa y América Latina eran importantes intelectuales de izquierda, amigos de la Revolución Cubana, que conocían mis ideas, pero siempre me respetaron y defendieron, porque me consideraban una voz independiente que podía ser muy crítica hacia la realidad nacional de mi país, pero que no se había vinculado a lo que ellos llamaban el gran enemigo de Cuba: Estados Unidos.

"Una vez que impidieron mi regreso a Cuba, mi editor alemán me consiguió una beca de seis meses en la Fundación Heinrich Böll y esa estancia en el sur de Alemania fue como un bálsamo simbólico: estuve viviendo seis meses en la que fue la casa de campo de ese premio Nobel alemán, a quien había leído casi completamente en Cuba, y allí dormí en la misma dacha donde vivió y escribió Alexander Solzhenitzin, otro premio Nobel a quien también, pero en este caso a escondidas, había logrado leer en la Isla. Todo ese tiempo, y durante casi un año, estuve reclamando regresar a mi país, y la prensa internacional dio una gran cobertura a mi caso, pero jamás las autoridades cubanas dieron respuestas. Después, al ver que la dictadura me había desterrado lanzándome a la ilegalidad en Europa, el PEN Club Internacional, en su capítulo alemán, me acogió en una beca por tres años en el programa Writers in Exile. Hasta hoy sigo en una lista negra de cubanos que no pueden entrar a Cuba".

YMS – Habana Babilonia está considerado "el mayor Best Seller" clandestino de las letras cubanas, ¿me puedes dar el dato de las ventas y los premios que has ganado con él?

AV – Primero, lo no tan contable: la lectura clandestina de miles y miles de cubanos en la isla. De esas lecturas hubo más de siete mil personas que me escribieron agradeciendo y de esos mensajes conservo unos seis mil, como una verdadera joya en mi carrera literaria, el mejor regalo, el de los lectores de mi país. Todavía hoy, siempre que presento el libro en cualquier parte del mundo, se me acercan cubanos a contarme las curiosas circunstancias en que leyeron ese libro. Segundo: la edición publicada como *Jineteras* estuvo cerca de un año en las listas de libros más vendidos en América Latina y en la lengua española. Eso, en términos prácticos, pude vivirlo, pues logré mantener a mi familia un par de años con los ingresos que obtuve de los royalties de las ventas de ese libro. Tercero, y muy importante, el libro, en 2007, se alzó con el Premio Internacional Rodolfo Walsh que se otorga cada año al mejor libro de no ficción publicado en todo el mundo en lengua española. Hasta la fecha tiene ya seis ediciones en español, dos en alemán, dos en francés, una en inglés, y se negocian ediciones en italiano, ruso, hebreo, japonés y coreano. Es decir, el libro sigue vivo y me sigue obligando a actualizarlo, de tiempo en tiempo.

YMS – Hablemos de tu fe. ¿Cuándo te entregaste a Jesucristo?

AV – Fui el tercero de mi generación, de mi grupo cercano de amigos escritores, casi hermanos, en entregar mi vida a Jesucristo. Y eso es algo que me complace: ya somos muchos, narradores, poetas, teatristas, que se han ido sumando a este selecto Club de la Gracia. Los primeros fueron nuestro inolvidable Guillermo Vidal y Alberto Garrido, y después, gracias a Guillermo, yo. Hace unos días, el escritor Rafael Vilches, otro que gracias a nosotros llegó a Cristo, escribió desde Las Tunas: "Cada vez que me siento solo pienso en la Triada: Guille, Garrido y tú, esa especie de Mosqueteros, y entonces sé que estoy acompañado en esta aldea áspera". Aunque a partir de ese momento he mirado mi vida y descubierto que siempre Dios estuvo allí, incluso cuando yo andaba por el mundo sin Su inmensa misericordia y amor, y que era Él quien me hacía triunfar en todos mis sueños y empeños, caí a sus pies hace ya más de veinte años, y los detalles de ese momento los he contado en mi libro Cara a cara con Dios, disponible en Amazon.

YMS – ¿Conocer a Cristo ha incidido en tu forma de concebir el acto de creación literaria?

AV – Sí, en tener mayor respeto por el mensaje que transmito; en darle un papel mayor a la literatura y a su efecto en la conciencia social; en saber que este sacerdocio que es escribir es un don de Dios que debe ser usado al modo de un verdadero sacerdote: escribiendo, sin esperar nada a cambio, con el único aliciente de que lo que escribas ponga a alguien cara a cara con su propia miseria, le haga rectificar y salve el alma. Y si antes yo creía que era un genio iluminado, ahora sé que todo lo que escribo forma parte de un plan de Dios para mi vida con el que debo ser fiel y coherente para no traicionar la Gracia que Él ha depositado en mí, pese a mis imperfecciones y limitaciones como ser humano.

YMS – ¿Seguiste escribiendo sobre temas tan humanos como los que tratas en *Habana Babilonia*? ¿Qué sientes ahora por estas personas hundidas en la desgracia de la prostitución?

AV – Como respondí antes, he seguido escribiendo, y aún con más insistencia y hasta saña, sobre esos temas, con la única diferencia de que ya no es solo de Cuba, sino también de otras partes: la miseria humana en cualquier parte que exista. Hacia esas personas, hundidas en fenómenos tan complejos como la prostitución, desde el inicio, incluso cuando aún no conocía a Dios, sentía una gran compasión que me ayudó mucho a comprender lo que vivían, a intentarme poner en su piel. He dicho también que el gran error de quienes se acercan a la marginalidad para investigar es que van cuestionándose ese modo de vida, en plan de jueces severos, de almas puras que se enfrentan a seres perdidos... Y eso les cierra todas las puertas.

Yo siempre llegué a esos mundos, a esos escenarios, a esa gente, con la mentalidad del que entiende su dilema existencial, del que es uno de ellos, aunque quizás haya tenido mejor suerte. Y allí encontré de todo: desde gente limpia condenada a vagar en esas suciedades, pasando por ingenuos sin ninguna maldad que caían en esas redes, por oportunistas desalmados que se aprovechaban de la situación para sobrevivir, hasta verdaderos monstruos humanos. Dios enseña que no juzguemos a nadie, para no ser juzgados, porque con la misma vara que midamos a sus hijos, incluso a los perdidos, vamos a ser medidos por Él. Por ello prefiero ser compasivo, tener la mente abierta ante esos conflictos humanos que a veces no podemos entender, y ponerlos a los pies de nuestro Señor. Que sea Él quien juzgue a cada quien.

YMS – Y la literatura de ficción, ¿en qué te inspiras?

AV – Soy un escritor realista, así que la ficción es simplemente resultado de mi observación de la vida; una vida que observo en sus más pequeños detalles: los conflictos cotidianos, los traumas humanos más dolorosos, las miserias de nuestra especie, y luego de analizarlos con la objetividad del periodismo, buscando todas sus aristas, entonces las convierto en literatura, creando mis propios mundos novelados, intentando concederles una vida propia que no sea un simple calco de lo que sucede en la realidad.

YMS – ¿Por qué le atribuyes a Jesucristo el hecho de que hayas llegado a ser uno de los escritores cubanos con mayor número de ventas?

AV – Cuando conocí a Dios, curiosamente, fue todo tan hermoso para mí, tan estremecedor, que estaba dispuesto a dejar de escribir, precisamente porque consideraba que mis temas eran demasiado sucios para alguien que decidía seguir el camino de pureza de Jesucristo. Y eso le dije: "Señor, si no quieres que siga escribiendo estas cosas, pongo mi literatura a tus pies y que se haga Tu voluntad, no la mía". Fue la primera vez que escuché la voz de Dios, y esto, lo sabemos, sonará a locura a alguien que no conoce cómo opera Dios en la vida de sus hijos, pero Dios me dijo, rotundo: "No, quiero que pongas a la gente cara a cara con su miseria; que hurgues más en esa podredumbre en que están hundidos. Si lo haces así, te pondré en sitios que no te imaginas". Eso he hecho desde entonces y Dios ha cumplido su promesa: Si antes era solo conocido por el medio cultural en Cuba y por algunos miles de lectores cubanos, hoy disfruto de un reconocimiento internacional que ni yo mismo muchas veces creo posible, mis libros se estudian en las universidades más importantes del mundo, hay dos de mis obras consideradas clásicos de la literatura latinoamericana y en lengua española, la mayoría de los libros que he publicado han ganado prestigiosos premios internacionales, y tengo cientos de miles de lectores, en todas las lenguas, para mis libros. Un ser tan miserable que no merece ni ser nombrado (y al catalogarlo así no juzgo a nadie, simplemente me limito a los hechos que todos pueden ver), cuando me hicieron la jugarreta de lanzarme al destierro, dijo: "Amir ahora sabrá lo que es la muerte literaria. Le va a pasar como a todos los escritores que se han ido al exilio: morirá como escritor". Pero esa persona no calculó nunca algo que he dicho y repito aquí: yo no he tenido que luchar ninguna de esas batallas a las que algunos me han querido lanzar: Dios ha luchado y vencido por mí todas esas batallas. Creo que los hechos lo demuestran.

YMS – Eres un escritor exitoso, pero eres un exiliado. ¿Cuáles son tus batallas actuales?

AV – Hay un error de concepto que creo los cubanos debemos aprender. La propaganda del castrismo hace creer a los artistas y escritores cubanos en la isla que hay que vivir allá para "no perder sus raíces", para "ser verdaderamente cubano". Un escritor lo es, viva donde viva. Y perderá sus raíces solamente si desea (y lucha muy fuertemente contra sí mismo) para arrancarse esas raíces. Uno de los grandes aprendizajes de mi destierro ha sido descubrir que un escritor, si en verdad quiere serlo, no puede limitarse a beber la savia enriquecedora de la cultura de su país, no puede anclarse en las circunstancias cerradas de su país. Hacerlo es la fuente de casi todo ese provincianismo y ombliguismo que marca y casi aniquila gran parte de la literatura cubana. Y esto, que conste, no sucede solo en la isla, también en la literatura cubana escrita en la diáspora hay muchos casos de obras con esas limitantes. Y es que no se puede perder de vista algo esencial: Hay un territorio muy importante por conquistar: el de la lengua (la española o castellana en nuestro caso), y el de la cultura occidental, a la que pertenecemos. Y ese es mi verdadero reto: sin dejar de ser cubano, ganarme un espacio en esa otra dimensión, más amplia, plural, difícil de conquistar, pero no imposible, como lo hicieron en su momento, para solo citar algunos nombres figuras como Martí, Heredia, Carpentier, Lezama, Gastón Baquero, Cabrera Infante, Piñera, Sarduy, Arenas, Eliseo Diego o Dulce María Loynaz.

YMS – Tienes tantos libros escritos que cualquiera pensaría que vives para escribir, pero tienes esposa e hijos, y tendrás amigos y una cotidianidad fuera del empleo de escritor... ¿Cómo te las ingenias?

AV – Soy un hombre muy metódico. Escribo, juego con mis hijos, salgo con mi esposa, me tomo mis descansos, viajo, disfruto. Pero desde que me recuerdo como escritor, no hay un solo día de mi vida en que no haya escrito. Guillermo Vidal, en broma, asombrado de la capacidad de trabajo que tengo, que es algo que ni siquiera mediante grandes cuotas de humildad me atrevería a negar, decía que "Amir Valle es una cooperativa de enanitos gordos y trabajadores: uno escribe cuentos, otro escribe novelas, otro prepara antologías, otro investiga para sus ensayos, otro revisa los textos de sus amigos, otro prepara el nuevo número de una revista, otro asesora a las editoriales sobre nuevos autores, otro imparte talleres de escritura". Y a veces me he creído eso, porque al final del día incluso yo mismo me he asombrado de lo que he hecho. Pero la clave está en respetar el tiempo, en planificarse, en concederle la misma importancia a escribir que a vivir. La vida es un abrir y cerrar de ojos que Dios nos concede en esta tierra para que algún día disfrutemos mejor la eternidad. Y aunque no les guste a algunos, en nuestro mundillo intelectual y cultural hay mucha gente que escribe un par de poemas, o un librito, tienen algo de éxito, y luego se pasan meses o años viviendo en poses de gran escritor, gastándose en el faranduleo. Si son felices así, bienvenido sea, pero no es mi manera de hacer las cosas. Yo, además, disfruto mucho escribiendo y, según mi esposa, me convierto en un ser insoportable cuando alguna circunstancia me impide cumplir con mi plan diario de escribir. Recuerdo en este sentido el consejo que le dio Guillermo Vidal delante de mí a un escritor que nos aseguraba que no tenía tiempo para escribir. Guillermo le dijo: "una página suele tener cinco párrafos medianos; si escribes un solo párrafo cada día (y eso te tomará a lo sumo unos cinco o diez minutos), al cabo de un año tendrás 356 párrafos y eso serían 73 páginas, es decir, casi una novela corta. Y si escribes solo una página por día, además de que puede quedarte muy limpia porque te concentrarás solo en una página cada vez, al final del año tendrás toda una novela".

YMS – Y Cuba, ¿dónde se encuentra Cuba en el Amir actual, un hombre que ha andado mundo y ha respirado la libertad?

AV – Desde que me desterraron no ha existido ni un solo día en que Cuba no haya estado en mi experiencia como desterrado. Ahora, eso sí, desde una perspectiva más abierta, más lúcida, porque uno no puede olvidar que mientras está en la isla va por la vida como un caballo con las orejeras que la falta de información te imponen y desde el exilio, la cantidad de información que existe sobre Cuba, de todas las tendencias e ideologías, de todos los períodos históricos y de todos los temas, permite que uno llegue a comprender muchísimo mejor la realidad nacional y sus dilemas. En cualquier caso, hay una Cuba que va conmigo a todas partes, y es la Cuba de mis recuerdos, de mis amores, de los sitios que habité allá, de mis sueños y esperanzas; una Cuba que permanece intacta a cualquiera de los cambios traumáticos a los que nos ha condenado la dictadura; una Cuba íntima, personal e intransferible que nadie ni ninguna circunstancia nos puede arrebatar. Cada cubano carga con esa Cuba, que es diferente en todos porque depende de la vida de cada cual. Y es una Cuba peligrosa, muy odiada por los dictadores, porque es la Cuba hermosa, humanista, amorosa, maternal, esencial, abierta, plural, inclusiva, a la que alguna vez, cuando alcancemos la libertad, habrá que tomar como punto de referencia para reconstruir nuestra sufrida isla. Por eso siempre digo que esa Cuba futura solo será posible activando la memoria de todos los cubanos, los que están allá y los que han tenido que salir a la diáspora en estos más de 60 años de desastre social.

YMS – ¿Eres feliz en Berlín?

AV – Es mi casa, la ciudad que me ha mimado en los últimos 17 años, el sitio donde mis hijos han logrado cumplir sus sueños. La extraño cuando estoy lejos. Y si no fuera por el gris de sus inviernos, sería una ciudad perfecta.

YMS – ¿De tus obras cuál es tu favorita, la que llevas con más cariño?

AV – Mi primer libro: *Tiempo en cueros*, tal vez mi obra más imperfecta y limitada, pero al mismo tiempo la prueba más precisa de cuán ingenuo, inocente y soñador fui alguna vez, el niño que siempre sueño ser.

YMS – ¿Qué ambiente necesitas para escribir?

AV – He preferido toda mi vida ese momento en que la madrugada va rindiendo sus sombras a la mañana. Pero como escribo siempre, y en cualquier entorno, he logrado una increíble capacidad para aislarme incluso en sitios tan concurridos y bulliciosos como una estación de metro o de autobús.

YMS – Como cristiano, ¿qué mensaje le envías al pueblo de Cuba?

AV – Aunque suene radical y fundamentalista: que nuestro país llegará a ser el paraíso que todos sueñan solamente cuando, más allá de lo respetables que puedan ser nuestra cultura y folclor, todos pongamos los ojos en ese único Dios, Jesucristo, que, con su infinito amor, lleva mucho tiempo esperando que aceptemos que solo Él es El Camino, La Verdad, La Vida. Vivo convencido de que esa verdad, Su Verdad, es lo único que nos hará libres.

YMS – ¿Le dirías a tus colegas escritores cubanos 'regulados' por el régimen castrista, presos en la Isla cárcel, censurados, algunas palabras?

AV – Que cada vez más la humanidad honesta, esa que no mira nostálgicamente a tiranos que prometieron el paraíso y lo traicionaron, los observa con orgullo y admira su valor y entrega.

La Rosa Blanca por una segunda República

Converso con Lincoln Rafael Díaz-Balart y Caballero, cubano-americano que ha hecho historia en la política de los Estados Unidos y, en especial, del sur de la Florida. Actualmente se desempeña como abogado, consultor y defensor de los Derechos Humanos. Lincoln es uno de los hombres más odiados y temidos por el régimen comunista que impera en Cuba desde hace seis décadas, la maquinaria castrista lo ha acusado de genocida y mafioso por sus acciones en pro de la Ley Helms-Burton y esa ha sido la propaganda que le han transmitido al pueblo de Cuba a través de los medios oficiales, pero esos insultos lejos de molestarlo, lo halagan: "Los ataques de la tiranía y de los que coadyuvan a los intereses de la tiranía en el exterior, realmente no me molestan. En realidad, constituyen un honor para mí". Comenzar nuestro diálogo hablando de su progenitor, Rafael Díaz-Balart Gutiérrez (RDB), se impone, porque a Lincoln el talento para los asuntos políticos y la devoción por Cuba le vienen de su padre.

Yoaxis Marcheco – Hablemos de su padre y de su carrera política en Cuba.

Lincoln Díaz-Balart – Mi padre, Rafael L. Díaz-Balart Gutiérrez, (RDB), fue Representante a la Cámara de Representantes de Cuba y Líder de la Mayoría en dicha cámara, entre 1954 y 1958. Aunque fue electo al Senado en 1958. RDB no pudo tomar posesión de ese cargo, ya que el comienzo de la nueva legislatura estaba previsto para el 24 de febrero de 1959 y Castro tomó el poder el primero de enero.

YMS – Hubo una relación cercana entre su padre y Fidel Castro, ¿fue por eso que RDB pudo percibir las intenciones del futuro dictador?

LDB – RDB conocía muy bien a Fidel Castro, desde que ambos comenzaron sus estudios en la facultad de derecho de la Universidad de La Habana en 1945. RDB conocía de primera mano que Fidel Castro era un admirador de Adolf Hitler, Benito Mussolini, y José Antonio Primo de Rivera. Algunos de los maestros de Fidel Castro en el Colegio de Belén (Jesuita) de Cuba habían sido partidarios del dictador español Francisco Franco y le transmitieron la ideología fascista a Fidel Castro. Al perder la guerra los nazi-fascistas en 1945, la única ideología que quedaba en el mundo (con posibilidad de llegar al poder) con la cual se podía establecer el totalitarismo, era el comunismo. La superpotencia soviética lideraba el movimiento comunista en el mundo. Por eso, cuando llegó al poder en Cuba, Fidel Castro se alineó con la Unión Soviética.

YMS – ¿Y el hermano?

LDB – El caso de Raúl Castro fue diferente. Él fue enviado a tomar un curso en la entonces Checoslovaquia por amigos comunistas de Fidel Castro en la universidad, cuando Raúl Castro era un adolescente, y él sí se convirtió en un marxista-leninista convencido.

YMS – Entonces no sería sorpresa para RDB que Fidel Castro, el 26 de julio de 1953, dirigiera el asalto al Cuartel Moncada en Santiago de Cuba, al frente de un grupo de jóvenes que lo seguían. Por esta causa, Castro fue condenado a años de prisión que no cumplió gracias a una amnistía. RDB no dejó de advertir las consecuencias que traería la medida. ¿Por qué no lo escucharon?

LDB – RDB hizo todo lo que pudo –pública y privadamente– por evitar la amnistía de los Castro en 1955. Mi padre consideraba esa amnistía (a menos de dos años de ser condenado Fidel Castro a 15 años de prisión por el sangriento ataque al Cuartel Moncada, que resultó en las trágicas muertes de múltiples soldados y atacantes) como una afrenta al poder judicial. Castro había sido condenado por un tribunal civil y de las fuerzas armadas. Pero la opinión pública de Cuba había sido movilizada en favor de la amnistía. A pesar del golpe de Estado en 1952, Cuba disfrutaba de una sociedad civil muy vigorosa, con múltiples partidos políticos, y una prensa radial y escrita muy dinámicas. Al joven RDB (que fue electo líder parlamentario en 1954 a los 28 años de edad) le decían que su problema con Fidel Castro era "personal" porque Castro era su cuñado, lo cual no era verdad. El "problema" de RDB con Fidel Castro estaba basado en el hecho de que RDB conocía muy bien a Fidel Castro y sabía que, si llegaba al poder, Castro instauraría una brutal tiranía y destruiría a Cuba. Sin duda, al joven RDB, no se le escuchó.

YMS – Podríamos pensar que el posterior triunfo de Castro se debió en alguna medida a que las alertas de su padre no fueron tomadas en cuenta...

LDB – Si a Fidel Castro no lo hubieran amnistiado en 1955, la historia de Cuba hubiera sido diferente. No sabemos exactamente qué rumbo hubiera tomado la historia, pero la toma del poder total, con violencia, en 1959, por Castro, no hubiera ocurrido.

YMS – Pero, tal vez la sociedad civil de aquel momento vio en Castro al hombre que restablecería el hilo democrático que Fulgencio Batista había roto con el golpe de Estado del 10 de marzo de 1952.

LDB – A mí me impresiona lo poco conocido que es el hecho de que Batista convocó elecciones en 1954, donde, a pesar de haber ido a la abstención, la oposición ganó múltiples escaños en el Congreso, y también en 1958, cuando ya había una situación de guerra civil de facto en Cuba y la participación electoral fue muy baja. También es ignorado por la historiografía cubana, tanto la de la tiranía como la del exilio, que el mandato de Batista terminaba el 24 de febrero de 1959, y que Rivero Agüero, el ganador de las difíciles elecciones de noviembre de 1958, había anunciado que convocaría nuevas elecciones.

YMS – O sea que, por hacer oídos sordos una vez más a las advertencias de RDB, los cubanos llevaron al poder al hombre equivocado.

LDB – No hay suficiente espacio aquí para profundizar adecuadamente sobre lo que RDB llamaba "el suicidio colectivo" de enero de 1959, pero creo que es importante que los cubanos sepan que la tragedia nacional causada por Castro no era necesaria; existían otras formas de salir de la crisis cubana de los 1950 que no hubieran conllevado a la destrucción de Cuba.

YMS– Fue en medio de todos esos debates políticos que naciste en Cuba en el año 1954. ¿Qué recuerdos atesoras?

LDB – Mis memorias de Cuba son pocas, pero recuerdo que fueron tiempos de extraordinaria tensión. Mi padre tenía un programa radial nacional diario en el cual atacaba fuertemente a Fidel Castro y su grupo, que se encontraban en las montañas de la Sierra Maestra, en el Oriente de Cuba. Castro y sus seguidores querían matar a mi padre.

YMS – ¿Y la familia?

LDB – Sentí el amor incondicional de mis padres desde el momento en que nací. Rafael Díaz-Balart Gutiérrez e Hilda Caballero Brunet fueron padres con un infinito amor por sus hijos. Siempre estuvieron "de mi lado", como también lo estuvieron para mis tres hermanos. Rafael, mi hermano mayor, nació en Cuba, y José y Mario, los menores, nacieron en Estados Unidos. De Hilda y Rafael aprendí el amor por Cuba y su historia por la República, que nunca me ha faltado.

YMS – No estaban en Cuba el 1 de enero de 1959.

LDB – Salimos de Cuba el 20 de diciembre de 1958 con planes de regresar tres semanas después, pero nunca he podido regresar. Salí junto con mis padres, mi hermano mayor y con Rolando Amador, el socio de bufete de abogados de mi padre. Estábamos en París durante esos días, ya que Rolando y mi padre tenían previstas reuniones en los primeros días de enero en la capital francesa. Ellos estaban trabajando en la creación de una flota nacional de barcos de pasajeros y ya habían logrado el financiamiento para la construcción de los primeros dos barcos "cruceros" en Francia. La flota nacional de barcos de pasajeros cubanos, una nueva industria, basada en Cuba, hubiera sido una extraordinaria fuente de empleo para los cubanos en décadas subsiguientes.

YMS – ¿Qué habría pasado de haber estado tu familia en Cuba el 1 de enero de 1959?

LDB – Varios de los ayudantes de mi padre fueron asesinados el primero de enero, en sus casas, por seguidores de Castro. Sin duda, hubiera sido horroroso si mi familia hubiera estado en Cuba en esas fechas.

YMS – ¿Dónde se asentaron?

LDB – Después de salir de Cuba, vivimos en Nueva York durante casi dos años antes de mudarnos al Sur de la Florida, donde vivimos durante tres años antes de mudarnos a España, en 1963.

YMS – La vida en el exilio trajo nuevos retos para la carrera política de tu padre, de ahí la creación de la primera organización anticastrista.

LDB – En *Cuba: Intrahistoria. Una Lucha Sin Tregua*, mi padre escribió: "En 1960, el Gobierno de Estados Unidos comenzaría a ponerse en contacto con líderes cubanos que habían acompañado a Fidel Castro y no estaban dispuestos a continuar respaldando las atrocidades que desde el primer instante de tomar el poder comenzó a perpetrar el líder del 26 de Julio. Pero en aquel momento, enero de 1959, el respaldo y los aplausos eran unánimes en favor del régimen de Castro (...). Debo decir que, si de algo me siento orgulloso en mi vida, es de haber tomado la decisión de enfrentarme al mundo entero aquel 28 de enero de 1959 y crear la primera organización, La Rosa Blanca, en Nueva York, para combatir la barbarie que se había adueñado de Cuba. A las autoridades de Estados Unidos no les gustó nada mi decisión, y un agente del Federal Bureau of Investigation (FBI), cuyo nombre recuerdo, Frank O'Bryan, recibió la encomienda de establecer una vigilancia muy especial, prácticamente a tiempo completo, sobre mí, cosa que me hizo saber en aquel momento el propio O'Bryan (...). Durante esos meses, La Rosa Blanca fue forzada a inscribirse como 'agente de un gobierno extranjero' por el Departamento de Justicia de Estados Unidos. Cuando les pregunté de quién debería decir en los papeles de inscripción que éramos agentes, me dijeron que pusiéramos que éramos agentes de La Rosa Blanca de Cuba. A ninguna otra organización del exilio cubano jamás se le ha exigido por el gobierno americano que se inscriba como agente extranjero (...)".

YMS – Pensada por un político de carrera y experiencia, la organización creada por tu padre, La Rosa Blanca, no se quedó en superfluos argumentos, sino que articuló un Proyecto de Programa Político, que es uno de los pocos que existen referidos a la Cuba futura.

LDB – La Rosa Blanca fue la primera organización que se formó para luchar contra Castro, pero el Proyecto de Programa Político de La Rosa Blanca se redactó muchos años después. Fue el producto de décadas de estudio y del amor por Cuba, de Rafael. Yo colaboré con él en la formulación y la redacción de esas ideas para la reconstrucción de Cuba. El objetivo es que sean útiles para los legisladores de la Cuba democrática del futuro cuando comiencen la tarea de la creación de un Estado de Derecho en el cual se pueda desarrollar una Cuba próspera en libertad.

YMS – ¿De qué experiencias se alimenta el Proyecto de Programa Político de la Rosa Blanca?

LDB – El Proyecto de Programa Político de La Rosa Blanca se formó al comienzo de este siglo, utilizando las lecciones aprendidas de las transiciones democráticas en los expaíses comunistas de Europa y de las transiciones democráticas del último cuarto del siglo XX en Portugal y España.

YMS – ¿Cuándo se convirtió en Instituto La Rosa Blanca?

LDB – En 2011, al dejar yo el Congreso de Estados Unidos, formé el Instituto La Rosa Blanca para mantener al día las ideas para la reconstrucción de la Cuba democrática de La Rosa Blanca.

YMS – ¿Y qué propone el Instituto La Rosa Blanca en su Programa Político?

LDB – Creo que, entre lo más importante en el Programa de La Rosa Blanca, está el plan para que la reconstrucción económica de Cuba tenga que incluir a los trabajadores cubanos. Las ayudas internacionales, incluyendo la que enviará el Congreso de Estados Unidos, serán muy importantes en cuanto Cuba sea libre. Pero una parte significativa de esas ayudas se debe utilizar para que se le pueda ofrecer financiamiento a los trabajadores cubanos para su participación voluntaria en el accionariado de las empresas donde trabajen, participación que irán pagando los obreros con una parte de sus salarios.

YMS – ¿Cómo potenciarían a las pequeñas y medianas empresas?

LDB – La Rosa Blanca también propone la creación de un Banco de Fomento de la Pequeña y Mediana Empresa, cuyos fondos serán destinados a potenciar el acceso del pueblo cubano a fuentes de financiamiento para la creación de pequeñas y medianas empresas. La Rosa Blanca propone la creación de un millón de estas empresas, lo que traducido a la realidad significa un capitalismo de todos y para el bien de todos, es decir, una sociedad de propietarios en vez de proletarios.

YMS – Hablemos de las bases filosóficas y políticas del Programa Político del Instituto La Rosa Blanca.

LDB – La Rosa Blanca rechaza las etiquetas eurocéntricas de derecha e izquierda. Deseamos que se nos juzgue por nuestras ideas, nuestras propuestas y nuestra conducta. No estamos vinculados a ninguna organización internacional de ideas foráneas, lo que no significa que las rechacemos absolutamente como referencia. Ni comunismo, ni fascismo, ni socialismo, ni liberalismo, nuestra filosofía tiene sus raíces en las entrañas de nuestro pueblo, de nuestras tradiciones, nuestras circunstancias, nuestra historia y los anhelos, necesidades y esperanzas de la patria, de nuestro pueblo, sin caer tampoco en un chovinismo sin sentido. Es la filosofía de nuestros próceres desde Félix Varela, José de la Luz y Caballero, Ignacio Agramonte, Céspedes, García, Aguilera, Moncada, Maceo, Martí y Masó. Esta filosofía tiene un nombre:

Cubanismo. El Proyecto de Programa de La Rosa Blanca se puede leer en su totalidad en http://www.larosablanca.org

YMS – Siguiendo con el Programa Político, hay un punto muy interesante sobre la propuesta de cómo deberán ser las relaciones entre Cuba y los Estados Unidos.

LDB – Se hace mención de los ejemplos de Israel y el Reino Unido, dos países que ya tienen relaciones muy especiales con Estados Unidos. La Rosa Blanca propone que la relación entre Cuba y Estados Unidos se establezca de manera estrecha y fluida, asentada en las instituciones, principalmente entre los Congresos de ambos países y sus Jefes de Estado.

YMS – ¿Qué dice en cuanto al respeto de la libertad de religión y creencia?

LDB – La Rosa Blanca propugna la independencia y el más absoluto respeto a todas las religiones y prácticas religiosas y filosóficas en Cuba. Todas deben gozar de la protección y de idéntico respeto e igualdad bajo la ley.

YMS – ¿En la Cuba multipartidista que propone La Rosa Blanca cabría el Partido Comunista?

LDB – El Proyecto de Programa de La Rosa Blanca aclara que las experiencias de las transiciones democráticas en España y Portugal y en los países europeos del antiguo bloque soviético, han demostrado que, inclusive, los partidos comunistas, si aceptan el Estado de Derecho y el pluralismo, pueden integrarse en las nuevas situaciones de libertad en sus naciones.

YMS – Pero, el Partido Comunista de Cuba ha tenido una incidencia nefasta en los sesenta años de ser el único en el poder.

LDB – El Partido Comunista cubano tiene graves responsabilidades políticas por su respaldo durante décadas a la oprobiosa tiranía de Castro. Esas responsabilidades deberán ser juzgadas por el pueblo de Cuba en las urnas electorales. Otra cosa es la responsabilidad penal que se derive de las acciones delictivas de algunos de sus miembros contra la dignidad y los Derechos Humanos de cualquier ciudadano; eso sí pueden y deben juzgarlo los tribunales de justicia; insistimos, dentro de un estricto Estado de Derecho y con todas las garantías procesales de la democracia. La Rosa Blanca entiende que los legisladores y constituyentistas en su caso, han de tutelar conductas y nunca el pensamiento ni la militancia de los ciudadanos. Deseamos una Cuba sin perseguidores ni perseguidos, sin vencedores ni vencidos, sin vetos ni discriminaciones, sin odios ni rencores.

YMS – Un tema muy complejo sin dudas es el referente a la transición. ¿Cómo lo plantea La Rosa Blanca en su Proyecto Político?

LDB – En "Nuestras Ideas", La Rosa Blanca plantea: "Este Programa político no pretende prever, lógicamente, los detalles todos del cambio". Es, además, eso, un programa para el cambio y tendrá que modificarse y enriquecerse en el camino, con la luz del ideal delante de los ojos y con los oídos de la sensibilidad política pegados a la realidad. Por otra parte, el cambio, la liberación, parece inminente, si miramos al subsuelo donde están las raíces de la nación.

Por eso trabajamos por ella, al igual que otros actores del mismo, dentro y fuera de Cuba, y aunque le avizoramos en el horizonte mismo de la realidad política cubana, aún no percibimos —no podemos— con total nitidez sus exactos contornos. Pero está cerca, pueden desencadenarse los acontecimientos abruptamente, y no debemos permitir que nos sorprendan y nos desborden. De otro lado, en todos estos años nos hemos ocupado de trabajar en favor de la libertad de la patria y de preparar un programa de ideas y sugerencias para las nuevas generaciones de cubanos. La Segunda República deberá fundarse en las instituciones y no en las personas.

YMS – Pensemos ahora en la utilidad que tiene el Programa Político de la Rosa Blanca para el futuro de Cuba, es un proyecto sólido y bien estructurado, además abierto a ser enriquecido. ¿Lo conocen los opositores de dentro y fuera de Cuba? ¿Por qué no lo toman como un Proyecto común?

LDB – La Rosa Blanca no hace proselitismo en el exilio. Y en el totalitarismo actual que vive Cuba, el acceso a Internet es muy difícil y las posibilidades para la discusión de las ideas políticas son muy pocas. El Proyecto de Programa de La Rosa Blanca se podrá conocer bien cuando exista la libertad de expresión, se pueda dialogar libremente en Cuba y no se censure el Internet y los otros medios de comunicación. Reitero, estará disponible y será útil para los legisladores y/o constituyentistas cubanos cuando comiencen la labor de la creación de un Estado de Derecho en Cuba.

YMS – Lo invito a pasar a otro tema. La unidad de acción en la oposición cubana es algo que parece imposible. ¿Tiene el Instituto La Rosa Blanca alguna propuesta concreta al respecto?

LDB – No se puede aspirar a la unidad de criterios, aunque sería muy positivo si la oposición lograra coordinar sus esfuerzos. Lo más importante que se ha logrado en ese sentido es el Acuerdo por la Democracia, inicialmente adoptado en 1998, al cual se han adherido desde entonces la gran mayoría de los opositores cubanos, y del cual La Rosa Blanca fue firmante. A lo que creo que se puede y se debe aspirar es a ser útil a la creación del Estado de Derecho en Cuba, de un sistema que permita la prosperidad y proteja la libertad de los cubanos.

YMS– Hablemos de un tópico en el que ha estado sumamente involucrado, el Embargo Económico de los Estados Unidos a Cuba. La dictadura históricamente lo ha criticado por sus acciones en pro de la Ley Helms Burton, incluso una parte de la Oposición está en contra de esta posición. ¿Puede decirse que Cuba es una Isla bloqueada económicamente?

LDB – Todos los países del mundo, con la excepción de Estados Unidos, comercian y le ofrecen financiamiento a la tiranía cubana. De ninguna manera se puede decir –con una mínima conexión a la realidad– que Cuba es una isla bloqueada. A las únicas empresas que se les prohíbe financiar a la tiranía cubana por el "embargo americano", es a las empresas de Estados Unidos.

YMS – ¿Qué prohíbe exactamente el embargo americano a Cuba?

LDB – El embargo de Estados Unidos prohíbe el financiamiento a las empresas estatales de la tiranía cubana por el gobierno y las empresas de Estados Unidos. Los recursos que obtienen las empresas de la tiranía son utilizados para fortalecer los mecanismos de represión de la tiranía contra el pueblo cubano. Por eso, cuando limitamos los recursos que le llegan a los represores, limitamos las formas en que pueden reprimir a los cubanos. Cuando un Estado totalitario tiene acceso a recursos ilimitados, como en China comunista, los mecanismos de represión contra el pueblo entonces tienen recursos ilimitados. Un Estado totalitario rico no reprime menos; todo lo contrario, reprime salvajemente y con mayor sofisticación, como en China.

YMS – ¿Se puede definir el embargo como un mecanismo de cambio?

LDB – Lo más importante que se debe recordar respecto al embargo americano, es que ninguna dictadura, jamás, le ha dado algo bueno a su pueblo a cambio de nada. Mucho menos ha pactado con la oposición una transición democrática a cambio de nada. Los miles de millones de dólares en créditos, inversiones, y del turismo masivo de Estados Unidos están condicionados por el embargo a la liberación de todos los presos políticos, la legalización de todos los partidos políticos, la prensa y los sindicatos obreros independientes, y la convocatoria de elecciones pluripartidistas para los cubanos. El embargo de Estados Unidos y el condicionamiento de que, para levantarlo, se tienen que cumplir esas condiciones, es un instrumento de incalculable valor en manos de la oposición en Cuba y es la única medida importante de solidaridad que existe en el mundo con el derecho de los cubanos a ser libres. Esa muestra de solidaridad con el derecho de ser libre del pueblo de Cuba, convertida en ley por el Congreso de Estados Unidos en 1996, se debe al poder político de la diáspora cubana en Estados Unidos.

YMS – Pensemos ahora en el complejo tema de cómo lograr la democracia en Cuba, existe una propuesta de llevar a cabo un plebiscito vinculante para viabilizar el camino. ¿Considera viable la Iniciativa Ciudadana Cuba Decide?

LDB – Apoyo la iniciativa de Cuba Decide. Un plebiscito podría conllevar a la recuperación de la autodeterminación por parte del pueblo cubano. Rosa María Payá, que es una gran patriota, está de acuerdo en que la meta debe ser la convocatoria de elecciones pluripartidistas para un Congreso

Constituyente que pueda redactar una nueva Constitución, la Constitución de la Segunda República.

YMS – Para alcanzar esa Segunda República, ¿qué papel podrían jugar los jóvenes cubanos?

LDB – La juventud es la clave para el futuro de Cuba. En sus manos está el futuro de la nación. Ellos, más que nadie, no se merecen vivir como esclavos en una finca particular de la familia Castro.

YMS – Con toda su experiencia como legislador del Congreso de los Estados Unidos. ¿Serviría como político en la Cuba democrática?

LDB – La Segunda República deberá fundarse en las instituciones y no en las personas. De igual manera, considero que es mi responsabilidad hacer todo lo que esté a mi alcance para que Cuba sea libre y que las ideas de La Rosa Blanca estén disponibles a los cubanos. Mientras viva, intentaré cumplir con esa responsabilidad. La Rosa Blanca será un partido político y trabajará por convertir en realidad sus ideas en Cuba libre. Si el pueblo así lo decide, La Rosa Blanca estará en el Congreso de la República de Cuba.

YMS – Finalmente. ¿Tiene Lincoln Díaz –Balart fe en la liberación de Cuba?

LDB – Sí. Sigo creyendo que el pueblo cubano recuperará su autodeterminación y que, desde las profundidades de la destrucción y la desesperanza de hoy, la República volverá a ser, y florecerá.

Elena Larrinaga de Luis

La visión del castrismo en Europa ha estado muy alejada de la realidad

Converso con Elena Larrinaga de Luis, exiliada en España desde hace muchos años. Una de tantos cubanos que salieron de Cuba cuando el poder fue raptado por Fidel Castro. Mucho tiene que contar de su vida en el exilio, del duro proceso de readaptación por el que pasó como emigrante. Elena, pese a los años y de haber crecido lejos, no rompió los lazos con su Isla natal. No solo se siente cubana, sino que es una cubana comprometida con la causa de los Derechos Humanos continuamente violados por el sistema castrocomunista. Una luchadora constante por la libertad de los presos políticos y una voz que se alza en defensa de las féminas que sufren opresión y discriminación política por parte del sistema totalitario que impera en el país caribeño. Una mujer, además, con una clara opinión de la realidad cubana y del modo en que algunos gobiernos, como el español, se relacionan con el castrismo.

Yoaxis Marcheco – ¿Dónde nació y cuándo?

Elena Larrinaga de Luis – Nací en la Clínica de Miramar, en La Habana, el 4 de diciembre de 1955 y me bautizó el Padre Iñurrieta, en casa, el 11 de diciembre.

YMS – ¿Quiénes fueron sus padres?

ELDL – Mis padres, Isabel de Luis Sánchez Montoya, natural de Cienfuegos y Severiano Larrinaga Verano Aguirre de familia española, relacionada con la industria del acero.

YMS – ¿Por qué emigraron?

ELDL – Pertenezco a una familia católica y empresaria, que lógicamente no estaba de acuerdo con el modelo social y económico que finalmente impuso la Revolución. En la década de los 60 empezó el éxodo. Los niños salimos temporalmente con mis tíos. Mis hermanas mayores ya habían salido internas a un colegio. Mi padre era Vicepresidente Ejecutivo de la Antillana del Acero y se quedó un poco más esperando a ver finalmente que sucedía. Se materializó la represión a la Iglesia y los empresarios. Finalmente le intervinieron y tuvo que salir.

YMS – ¿Por cuántos sitios pasó como emigrante?

ELDL – Salimos primero a Estados Unidos, específicamente a Washington DC. Estuvimos allí viviendo tres años. Estuvimos internas en Suiza y luego vinimos internas a España, al colegio del Sagrado Corazón en Bilbao y, finalmente, cuando llegaron mis padres, nos fuimos a Madrid.

YMS – ¿Por qué terminó viviendo en España?

ELDL – Por las raíces familiares y culturales.

YMS – ¿Tiene recuerdos de su vida en Cuba?

ELDL – Yo era niña, pero sí.

YMS – ¿Me cuenta alguno?

ELDL – Recuerdo lo bonito que era el colegio del Sagrado Corazón, pero mi imagen más viva es la despedida de mi casa, cerrada, vacía y con los muebles tapados. La seriedad de mis padres al despedirse. Nunca me había separado de ellos hasta entonces y las lágrimas de mi madre al decirme adiós en el aeropuerto.

YMS – En una entrevista que dio a la web *Españoles de Cuba* usted narra la anécdota de que conoció a los hijos de Fulgencio Batista cuando era estudiante y que desde entonces sostuvo con ellos una amistad: ¿Fueron sus padres antibatistianos? ¿Colaboraron con el movimiento fidelista?

ELDL – Mis padres no hablaban nunca de política en nuestra casa, pero su posición estaba definida. Eran personas que miraban siempre al futuro con alegría. Ha sido su mejor enseñanza. No eran ni de uno ni de otro. La decisión de exiliarse es muy dura y su mensaje siempre fue "cuando ustedes tengan más edad valorarán si la decisión fue la acertada o no". Considero que tomaron la decisión adecuada. Aceptaron normalmente todas nuestras amistades. Hoy se lo agradezco.

YMS – ¿Cómo fue su experiencia de amistad con los hijos de Batista?

ELDL – Los conocimos en un colegio y, más adelante, a toda la familia en Madrid. Seguimos manteniendo actualmente una amistad cercana con algunos de ellos.

YMS – ¿Alguna vez le hablaron del General?

ELDL – Comentamos anécdotas de nuestras experiencias, y como todos, a veces, lo que consideramos aciertos y errores de nuestros progenitores.

YMS – ¿Recuerda algo del 1 de enero de 1959?

ELDL – Vagamente, pero sí recuerdo agitación.

YMS – ¿De dónde se siente ser, de Cuba o de España?

ELDL – Me siento parte de los dos países por igual. La integración no es fácil. Hay que recuperar el sentido de pertenencia y yo lo conseguí plenamente cuando nació mi hijo en Madrid.

YMS – ¿Y qué comida le gusta más la cubana o la española?

ELDL – Estoy ya más acostumbrada a la comida española. Su gastronomía es famosa en el mundo entero por su buena calidad. En Madrid hay restaurantes cubanos excelentes, así como una comunidad de exiliados también relativamente numerosa. Tenemos contacto y almorzamos una vez al mes en un restaurante y siempre cubano, porque nos gusta.

YMS – ¿Alguna vez regresó a Cuba?

ELDL – Sí, he regresado. Tuve un problema de papeles cuando entré y me devolvieron en la Aduana. Pero volví. Me dio mucha pena.

YMS – En otro tema, ¿cómo ve al exilio cubano en los Estados Unidos?

ELDL – El exilio cubano en Estados Unidos ha sido muy combativo y ha mantenido la llama encendida durante todo este tiempo y esto es extraordinariamente positivo. En más de medio siglo, como en cualquier colectivo se han podido constatar muchos éxitos y, como todo en la vida, algunos desaciertos.

YMS – ¿Sostiene contacto con cubanos en Estados Unidos?

ELDL – Sí, por supuesto, no sólo a nivel institucional sino personal. Los cubanos somos cubanos estemos donde estemos y pensemos lo que pensemos. Tengo amigas que viven en USA y nos vemos cuando vienen por aquí.

YMS – En cuanto al activismo: ¿deberían los de adentro de Cuba y los de afuera llegar a acuerdos que unifiquen la visión, estrategias y fuerza, para llevar a cabo la lucha contra el castrismo?

ELDL – Los activistas cubanos dentro y fuera del país tenemos que trabajar con muchas limitaciones impuestas. Yo soy una licenciada en Geografía e Historia y hay diferentes maneras de echar abajo las fortalezas, todas son necesarias: abrir distintos frentes de desgaste en lo político, lo económico y lo social, así como el aislamiento de los posibles refuerzos y aliados, etc., del adversario político. Por ello, cualquier iniciativa es productiva. Ahora bien, para la batalla final sí hay que unir las fuerzas. Se han hecho muchos progresos y llegará antes que después.

YMS – ¿Cómo aunar las fuerzas?

ELDL – El primer paso es compartir un objetivo común y eso está. El escollo está en el procedimiento. Pero al final será la realidad la que lo imponga. He aprendido de la Transición Española que para conseguirlo todos tendremos que dar un paso atrás, es decir, una pequeña renuncia es imprescindible, por parte de todos, para la consecución del proceso, que por otro lado es inevitable. La "Coyuntura" tiene los días contados. En este mundo en que vivimos no se le puede poner puertas al campo.

YMS – ¿De qué forma se vinculó con la oposición interna?

ELDL – Directamente, a través de los presos y las Damas de Blanco que llegaron a España y, personalmente, a través de Blanca Reyes y Raúl Rivero, y más adelante con Bertha Bueno y Alejandro González Raga. Blanca y Raúl prepararon mi visita a Cuba. Tuve allí la ocasión de conocer de primera mano a muchos disidentes: Laura Pollán, a las Damas de Blanco en Santa Rita, Ofelia y Oswaldo Payá, Oscar Espinosa Chepe y Miriam Leiva, Manuel Cuesta Morúa, Elsa Morejón, Elizardo Sánchez Santa Cruz, Martha Beatriz Roque, Vladimiro Roca, Gisela Delgado y Héctor Palacios, entre otros. Fue un viaje muy importante, pude hablar con ellos y constatar lo que ya sabía, su sacrificio y entrega personal a la causa de la libertad. En aquel momento, hace ya más de diez años, no existían las redes sociales ni las facilidades de ahora: el aislamiento era grande. Me apena enormemente que algunos ya no estén con nosotros, pero nunca olvidaremos su sacrificio.

YMS – Desde niña vive fuera de Cuba: ¿por qué le sigue importando la suerte de los cubanos?

ELDL – Es nuestra suerte conjunta, la de los que quedaron y la de los que se fueron. He conocido el sufrimiento que supone un exilio, pero también a través de la vinculación de mi familia al Centro Cubano de España, institución de la que formábamos parte, hemos tenido acceso a la evolución de la situación dentro del país por todos aquellos exiliados que fueron llegando a España. Ayudamos siempre en lo que pudimos. Esto fue una constante en nuestra vida. La serena y callada tristeza de mi madre en comparación con la de las madres de nuestras amigas en España, y su muerte cuando yo tenía 20 años me dio qué pensar. ¿Por qué tuvo que morirse desubicada y hablando de su país con esta nostalgia?

YMS – Vayamos a lo más reciente. En agosto de 2019 nació la Red Femenina en Cuba que usted coordina en Madrid. ¿Qué es esta Red?

ELDL – La red es una plataforma para la divulgación de la formación, el talento y la capacidad de pensamiento y acción. Las participantes lo hacen a nivel personal. La idea es que las mujeres, sin perder sus agendas propias, tengan comunicación entre ellas y compartan sus acciones y estrategias para reforzar el papel de la mujer en la sociedad.

YMS – Las Damas de Blanco eran parte de la Red, ¿por qué se separaron?

ELDL – Las Damas dudaban de la idoneidad de algunas personas que formaban parte de la Red.

YMS – Usted fue la Representante de las Damas de Blanco en Madrid, ya no. ¿Hubo alguna ruptura?

ELDL – Entre las Damas de Blanco y yo no habrá nunca una ruptura. Son el movimiento femenino por excelencia y, como tal, sigo y seguiré defendiendo su causa. Mantengo no solamente una magnífica relación con ellas, en todos sentidos, sino una gran amistad. La Red engloba a mujeres que desde distintas organizaciones trabajan por la libertad de Cuba y los derechos de la mujer y también hay que defenderlas con la misma intensidad. No hay más que constatar la represión a la que han sido sometidas las representantes femeninas de la campaña #UnidasPorNuestrosDerechos. La Red es una representación más global.

YMS – ¿Le parece que es importante que opositores y activistas visiten Madrid y sostengan encuentros con políticos y entidades relacionadas con el tema de los derechos civiles?

ELDL – La cercanía personal es importante. El gobierno cubano ha intentado desprestigiar la imagen de la oposición cubana tachándola de radical, extremista. La visión del Castrismo en Europa ha estado muy alejada de la realidad por la propaganda oficial y por afinidad ideológica de los nostálgicos del comunismo. Desmontarla ha sido y es difícil en algunos casos por razones varias. La presencia de opositores cubanos, sensatos y preparados es una magnífica impresión que deja huella.

YMS – Apoya a los presos políticos del régimen, ¿cómo lo hace?

ELDL – Lo hemos hecho a través de instituciones como la Asociación de las Damas de Blanco de España y el Observatorio Cubano de Derechos Humanos, con todos los recursos disponibles. En el exterior, como le comentaba antes, aparte de las denuncias que se presentan en diferentes instituciones internacionales, nuestro trabajo es darles toda la visibilidad posible. Defender su inocencia y denunciar sus detenciones injustificadas sin el debido proceso. Tenemos un caso muy representativo ahora mismo: José Daniel Ferrer, es un ejemplo de lo que pasa en Cuba.

YMS – Toquemos otro tema: la reciente visita del Rey Felipe VI a La Habana.

ELDL – El Rey de España tuvo que ir a Cuba, por mandato constitucional. Publiqué un artículo en el diario *ABC* en el que denunciaba lo inapropiado de este viaje que mandaba mensajes muy "equivocados" a la población cubana y a la Comunidad Internacional. Puedo decirle que la mayor parte del pueblo español estaba en contra y muy disgustada con esta decisión del gobierno.

YMS – ¿Qué consecuencias puede tener el binomio Sánchez-Iglesias para la causa de la libertad de Cuba y de otros países de la región como Venezuela y Nicaragua?

ELDL – Nosotros lo vemos con mucha preocupación. Desgraciadamente los sesgos ideológicos son muy fuertes. En España y Europa en cierto modo justifican la "negligencia" a condenar al gobierno cubano por un supuesto bienestar social. El esfuerzo que hemos hecho desde el Observatorio Cubano de Derechos Humanos en realizar y presentar el Informe de Derechos Sociales en Cuba va dirigido a esta cuestión. Es el primer informe independiente que se ha podido hacer en el país. Hemos desmantelado la propaganda oficial sobre este aspecto que ha despejado muchas miradas. En España la situación de Venezuela está muy presente y afortunadamente la oposición venezolana deja clara la intervención de Cuba en todo el proceso.

YMS – ¿Y las sanciones impuestas por el presidente Donald Trump al régimen castrista?

ELDL – La relación Cuba-EEUU ha sido siempre utilizada por el gobierno cubano a su favor. Esta estrategia del enemigo exterior, o Estado rival, es muy antigua, proviene de Maquiavelo. La ecuación es hacer olvidar que los Estados Unidos tienen una reclamación legítima desde la llegada de la Revolución por la política de expropiación e intervención del gobierno. Tienen derecho a defenderse.

YMS – ¿Qué opina de la puesta en vigor del Título III de la Ley Helms –Burton?

ELDL – En la línea de lo antes expuesto. Las reclamaciones económicas se dirimen en los juzgados. Aquí en España hay revuelo con este tema. Los empresarios siempre corren riesgos y los deben de asumir.

YMS – ¿Beneficia a españoles o cubanos-españoles víctimas de las expropiaciones hechas por Castro?

ELDL – Realmente no.

YMS – Para finalizar cinco cosas: Un detalle que recuerde de la casa donde vivió en Cuba...

ELDL – La alegría de vivir.

YMS – El nombre de su mejor amigo o amiga de la infancia en Cuba...

ELDL – Más que mi mejor amiga de allí, recuerdo las de mis amigas y familias con las que seguimos aquí en España, la familia Cagiga, Vega Penichet, Elena Gutiérrez y su famila, Elena Portela, y muchas más.

YMS – Su primera maestra...

ELDL – Recuerdo a Eulalia Arcacha porque era pelirroja y a Pilar López Saavedra, era novicia en el colegio y preparaba para la Primera Comunión. Murió este año en Madrid.

YMS – ¿Cuándo perdió el acento cubano?

ELDL – Lo perdí a la muerte de mis padres. Nuestros amigos siempre reían porque nos decían que teníamos una manera de hablar dentro de la casa y otra fuera.

YMS – ¿Qué sabe su hijo de la Cuba de ayer y de la Cuba de hoy?

ELDL – Mi hijo tiene 29 años y está al tanto de todo lo que ocurrió y de lo que ocurre. Conoce personalmente a varios miembros de la oposición. No conoció a sus abuelos, pero siempre los tenemos muy presentes. Hay que conservar el recuerdo vivo por varias razones: el pasado forma parte de tu presente, y hay que conocerlo para conocerte a ti mismo, para superarlo y para no cometer los mismos errores.

Ferrán Núñez

Cuba ya no es española, pero, ¡ojo!, tampoco es cubana

Converso con Ferrán Núñez: profesor, escritor y activista por los Derechos Humanos, quien además dirige la Asociación Autonomía Concertada para Cuba que 'reclama la reunificación de la Isla con España, y el portal *Españoles de Cuba* que aborda entre otras temáticas, las relaciones históricas, culturales y genéticas entre cubanos y españoles. Ha escrito varios libros, entre ellos *1868: la Guerra civil olvidada, Cuba española: un proyecto para el Siglo XXI; Cuba: la provincia olvidada.* Con Núñez abordamos dos tópicos que deberían ser de cabecera para cada cubano: nuestras raíces hispanas y el futuro de Cuba. Podremos o no estar de acuerdo con sus puntos de vista, pero no podemos dejar de reconocer que Núñez tiene sus datos, sus teorías y hasta una propuesta de solución para el difícil caso cubano. Tal vez nos llegue a convencer, ¿quién sabe?

Yoaxis Marcheco – ¿Cuántas patrias tiene Ferrán Núñez y cuántas nacionalidades?

Ferrán Núñez – Ferrán Núñez tiene una sola patria. Mi patria es la Hispanidad. Perdone que parafrasee a Martí, pero es que me viene muy bien. Nada mejor que inspirarse en los clásicos a la hora de definir algo tan importante y tan olvidado como ese concepto que, si lo miras bien, sirve tanto como para definir la nacionalidad como la identidad de un colectivo: "hispano". Concretamente soy francés. Legalmente no puedo decir que soy cubano porque el régimen de La Habana no admite las medias tintas, así es que francés y por supuesto, español.

YMS – ¿Se considera cosmopolita?

FN – No, no soy cosmopolita, soy un animal de ciudad como Woody Allen. Me gusta la civilización, el cemento y todo lo que pueden aportarnos las urbes modernas sobre todo en lo que se relaciona con la oferta cultural y las comodidades. Pero no viviría bien en medio de cualquier civilización ni cualquier cultura. En realidad, soy un conservador, me gusta y me siento bien donde comparto con los otros ciertas bases identitarias; así es que, bueno, no, definitivamente no soy cosmopolita porque no te podría decir que Dubai, Singapur o Addis Abeba sean también mis patrias. Lo siento.

YMS – ¿Qué es para usted la cubanía y qué elementos lo definen más como cubano?

FN – La cubanía es un engendro ideológico creado durante el siglo XIX por las élites intelectuales de Cuba para crearse una identidad diferente a la española. Primero quisieron identificarse a los siboneyes, y a otros "buenos salvajes", pero ni ellos mismos se creyeron el cuento, entonces fue que empezaron a inventar el arquetipo de lo cubano. En realidad, el concepto tal y como lo conocemos es bastante reciente y fue teorizado por Fernando Ortiz. La novedad con respecto a las definiciones anteriores es que esta idea fue aceptada por el resto de los intelectuales cubanos hasta ahora. Los cubanos no nos diferenciamos del resto de los pueblos de España porque tengamos un acento particular a la hora de hablar, porque nos guste el arroz blanco con frijoles o porque sepamos la hora en que mataron a Lola.

YMS – ¿Es descendiente de españoles?

FN – Sí, soy un descendiente de españoles, como la mayoría de todos los habitantes de aquella desafortunada isla, no lo digo yo, lo dicen los estudios genéticos que se dieron a conocer hace un par de años por el propio régimen. En mi caso concreto, por parte de padre, una parte de la familia viene de España y la otra, aunque ya llevaba un siglo viviendo en Cuba eran de origen canario; por el lado de mi madre, que es de Camagüey, sucede lo mismo. Aunque nunca me he dedicado a fabricar el árbol genealógico familiar puedo afirmarle que una parte eran descendientes de gallegos y canarios. Mi madre es de un pueblo donde todavía hoy le dicen "gordo" a la nata de la leche y "peixe" al pescado, así es que figúrese...

YMS – ¿Salió de Cuba usando la vía que ofrece la nacionalidad española o se naturalizó luego de salir?

FN – Salí de Cuba en 1992 gracias a la fundación France Libertés. Una asociación que llevaba cuando estaba viva la esposa del entonces presidente francés, François Mitterrand. Te confieso que cuando pude escaparme de aquella pesadilla no quería sentirme ni siquiera hispano. En otro momento te contaré esa etapa de mi vida, cuando para pirármele a la dictadura, tuve que dejar salir mi lado oscuro.

YMS – Toquemos otro punto. ¿Por qué dice que Cuba no se parece al resto de los países iberoamericanos?

FN – Cuba no se parece al resto de los países iberoamericanos por dos razones: la primera es biológica, si miras el ADN de los cubanos verás que es mayoritariamente europeo. La segunda, no menos importante, es sociocultural. En nuestras cabezas, parece lejos, pero la separación de Cuba y de España es algo reciente. Un poco más de 100 años en la historia de la humanidad pesan bastante poco. No olvide que en 1898 Cuba era una provincia española y esa huella cultural todavía está presente. Sigue estándolo en Puerto Rico a pesar de todo el esfuerzo de ingeniería social que han sufrido sus habitantes. ¿Cómo no va a seguir presente en Cuba? Pero en el caso de Cuba ocurrió algo que nos diferencia aún más con el resto de Iberoamérica, y es el hecho concreto de la descomunal inmigración española que se produjo tras la intervención norteamericana, pero sobre todo a partir de 1902... en el resto del continente, los españoles fueron expropiados, asesinados y expulsados. En el caso de Cuba, no sólo España mantuvo sus negocios, sino profundizó, afianzó la españolidad de Cuba. Todo eso se terminó con la llegada de Fidel Castro. Durante estos años, los cubanos no sólo se han ido olvidando de su españolidad, sino también de su cristiandad; hasta su humanidad misma ha sido comprometida tras tantos años de castrismo desenfrenado.

YMS – ¿Qué pasó con los cubanos que, por vivir en la provincia autónoma de España, que llegó a ser Cuba a finales del siglo XIX, fueron registrados con la ciudadanía española después de que Estados Unidos interviniera la Isla en 1898?

FN – Cuando se firmó el Tratado de París, solo los nacidos en la península ibérica tuvieron el derecho de conservar la nacionalidad española, para ello se habilitaron registros en los consulados españoles en toda la isla. En aquel entonces unos 66.000 cabezas de familia lo hicieron. Legalmente sus descendientes podrían reclamar la nacionalidad española, si llegase a aprobarse una ley redactada en los términos que recoge el "Pacto Progresista" firmado entre el Partido Socialista y los neocomunistas de Podemos. Por el simple hecho de haberse registrado en los consulados estas personas y sus descendientes siguen siendo españoles de pleno derecho, aunque ellos mismos no lo sepan y España no los reconozca como tales.

YMS – ¿Quién les quitó la ciudadanía, Estados Unidos o España? ¿Por qué si ya eran españoles perdieron esa condición?

FN – Es muy interesante tu pregunta y me agrada poder explicarlo. Como te decía antes, el acuerdo firmado entre España y Estados Unidos impedía que los naturales de la isla pudieran conservar la nacionalidad española. En aquellos años el derecho de "opción" cuando se producían cesiones territoriales era la norma en el derecho internacional; sin embargo, los nacidos en la isla no tuvieron esta posibilidad. Este desafuero fue denunciado por la comisión negociadora de París que presidía Eugenio Montero Ríos y así quedó registrado en las actas, pero a pesar de todo, Estados Unidos no cedió a la petición de los españoles. Esta injusticia podría invalidar el artículo IX del tratado, pero hasta el día de hoy ningún jurista se ha animado a dar la batalla. Meses después, el gobierno español, con el objetivo de no pagar las pensiones de sus veteranos en Cuba, publicó un real decreto aclarando que "perdían la nacionalidad española los habitantes de los territorios perdidos, cedidos o vendidos por España". Esa es la historia, la verdadera historia de lo que sucedió. Al final, el gobierno español se aprovechó de una ilegalidad cometida contra sus propios ciudadanos para no pagar las pensiones que debía a los veteranos de guerra y a sus familiares.

YMS – No podrían entonces los descendientes de esos isleños que fueron registrados como españoles obtener la nacionalidad española...

FN – No, por el momento no existe ninguna ley que permita que los descendientes de españoles, que repito, tuvieron en aquellos años difíciles el patriotismo y el coraje de inscribirse en los registros consulares, y que luego, a través de los años siguieron manteniendo vivas las tradiciones hispanas en sus familias, de recuperar la nacionalidad española a la que tienen pleno derecho. El Código civil español está lleno de parches que, dados los acontecimientos históricos a los que he hecho referencia antes, han sido incluidos precisamente, para limitar el acceso a la nacionalidad. Una verdadera locura, pero así somos.

YMS – Indaguemos un poco en la Historia de Cuba: usted afirma que en la Isla no hubo una guerra de independencia, sino una guerra civil, ¿se basa para esta afirmación en el número de cubanos, los llamados Voluntarios, que participaron en la conflagración? ¿Quiénes eran los Voluntarios?

FN – Las cifras son claras y ya no hay nadie que las ponga en duda: hubo más cubanos luchando por España que lo contrario. Es la definición misma de la Guerra civil, ¿verdad? Pero más allá de ese hecho probado por historiadores acreditados, los cubanos de Güira de Melena eran tan españoles como los de Alcorcón; lo decía la Constitución española vigente en aquella época, no yo. Así es que, en realidad, hubo dos guerras civiles: una entre los nacidos en la isla, y otra mucho más importante entre los propios españoles. Es muy importante la pregunta que me haces sobre los Voluntarios porque no eran los únicos que luchaban a favor de España; también, entre otras estructuras paramilitares, estaban los guerrilleros, los bomberos y las milicias de color. Estudios realizados en Cuba prueban con creces que esas milicias estaban formadas en su mayoría por nacidos en la isla; sus mandos eran, por lo general, peninsulares o descendientes de estos. Hay que separar a los Voluntarios de La Habana, en su mayoría peninsulares, del resto. Es importante hacer esta aclaración porque el Cuerpo de Voluntarios arrastra un oprobio histórico que en realidad no le corresponde para nada.

YMS – ¿Y qué suerte corrieron los Voluntarios?, ¿qué pasa ahora con sus descendientes?

FN – Al final de la guerra quedaron abandonados por España casi 100 mil paramilitares que defendieron la soberanía española a capa y espada, personas que, como te comenté antes, se quedaron viviendo en Cuba porque también se sentían cubanos, igual que la minoría independentista que propició la intervención norteamericana. Contrariamente a los rebeldes que tuvieron el derecho a una prima de desmovilización, toda esta gente y sus familiares se quedaron sin nada. Esa injusticia también debería ser reparada, permitiendo que sus descendientes obtengan sin más dilación acceso a la nacionalidad española. ¿Qué pasó al final con todos los que lucharon por España? Pues nada, Cuba vivió un proceso de transición pacífica bastante ejemplar, orquestada por los norteamericanos, claro. Hay que reconocerlo. En apenas cuatro años, los odios de guerra fueron dejando paso a una época de prosperidad donde todos cabían. Hay que decir la verdad, los artífices de esa transición fueron los propios generales rebeldes empezando por Máximo Gómez, que perdió la poca salud que le quedaba recorriendo la isla, promulgando la paz y la concordia entre cubanos. Ese período, prácticamente incruento, comparado con los años de guerra civil anterior, no tiene parangón en la historia de la Isla, incluso durante el siglo XX. En El Escambray, por ejemplo, murieron más personas que durante aquella transición donde, si bien hubo su asesinato o linchamiento, todo trascurrió con normalidad casi ejemplar.

YMS – ¿Cuántos cubanos han logrado naturalizarse españoles en los últimos años?

FN – Alrededor de 200 mil cubanos han podido acceder a la nacionalidad española por diferentes vías. Una primera reforma del Código civil conocida como Ley 36, permitió a partir de 2006, que todos los hijos de españoles nacidos en España pudieran hacerlo. La otra gran oleada empezó en

2007 con la ley 52/7, conocida en Cuba como "de nietos", que permitió el acceso a otras categorías de descendientes. En Cuba, casi 400 mil personas solicitaron acogerse a la ley, pero muchos fueron denegados por carecer de los documentos necesarios. Con el tiempo, todo se fue complicando porque se produjeron abusos, presentación de falsos documentos o venta de abuelos españoles a otras familias; cosas que hicieron que el consulado comenzara a pedir requerimientos que inicialmente no estaban exigidos por la ley 52/7. A este complejo panorama se sumó el hecho de que el Partido Popular llegó al poder en España en plena crisis de 2012. El Ministerio de Asuntos Exteriores y de Cooperación recortó los contratos temporales en los consulados lo que ralentizó aún más el proceso.

YMS – ¿Cuántos se encuentran pendientes?

FN – En la actualidad se estima que quedan por resolver unos 50 mil expedientes, pero estas cifras no son oficiales.

YMS – ¿Por qué se hacen tan engorrosos los trámites?

FN – La verdad es que los trámites consulares son bastante laboriosos en Cuba, primero porque todo el trabajo está concentrado en La Habana. Los españoles de Cuba están desperdigados por todo el territorio, sobre todo en las provincias centrales. Como en Cuba nada funciona, pedir un certificado de matrimonio, de nacimiento o defunción es casi misión imposible. No hablemos ya de acceder al registro de españoles o a los archivos nacionales donde están registrados los barcos que llegaban de España cargados de asturianos, andaluces y extremeños. La otra razón es porque los cubanos utilizan el pasaporte español para instalarse en Estados Unidos y el Departamento de Estado protestó vigorosamente, tal y como lo destacó la prensa española hace algunos años. Así es que todos estos factores reunidos han hecho que los trámites se compliquen hasta el absurdo.

YMS – Muchos cubanos esperaban que fuera aprobada en España una ley donde tanto los nietos como los bisnietos de españoles pudieran adquirir la ciudadanía. ¿Qué ha pasado con esta ley? Hasta el presente, ¿qué nivel de parentesco se toma en cuenta para poder obtener la nacionalidad española?

FN – Los primeros en proponer una reforma profunda del Código civil fueron los comunistas de Izquierda Unida en 2016. La propuesta se incluyó en el pacto que se firmó entre esta agrupación y Podemos. Como resultado de esta iniciativa se presentó en el Congreso una proposición de ley en diciembre de 2016; sin embargo, Podemos no hizo nada por sacarla adelante y la propuesta decayó al final. El año pasado una senadora de Izquierda Unida, Sara Vilà, hizo una propuesta similar en la Cámara alta, pero también quedó desestimada al final de la legislatura. En la actualidad existe un pacto de gobierno entre socialistas y neocomunistas para sacar adelante una propuesta similar a la del 2016, pero por el momento no se ha presentado ningún texto en el Congreso. La señora Vilà volvió a presentar en diciembre pasado el mismo texto decaído en la legislatura anterior. A mi juicio esta es la propuesta que va a salir adelante. Lamentablemente, la misma no propone una reforma integral del Código civil, sino que enmienda injusticias creadas por la ley 52/7. Si sale adelante, lo cual es muy probable, podrían acceder a la nacionalidad los hijos mayores, los nietos de las abuelas nacidas antes de 1978, los hijos de españoles que olvidaron reclamar la nacionalidad antes de los tres años de haber alcanzado su mayoría de edad y los que tuvieron que renunciar a la nacionalidad para poder trabajar en los países de acogida. Lo que quiere decir que otras categorías de nietos, incluyendo a los hijos de españoles fallecidos no podrán acceder. Esto es lo que hay hasta el momento. Naturalmente, la web *Españoles de Cuba*, que dirijo, sigue esta información desde el principio y mantendremos al tanto a todos nuestros lectores.

YMS – ¿Y los hijos menores de edad de quienes obtienen la ciudadanía podrían automáticamente obtenerla?

FN – Son los hijos mayores los que se quedaron fuera de la ley anterior. Los hijos menores de edad adquieren automáticamente la nacionalidad española de sus padres; sin embargo, si viven fuera de España, están obligados por ley a manifestar su deseo de conservarla dos años después de haber alcanzado la mayoría de edad; de lo contrario, la pierden. Los casos de personas que han ido a renovar el pasaporte en el consulado y a las que le comunican que no pueden viajar porque han perdido la nacionalidad española son legión en los consulados iberoamericanos.

YMS – ¿Cuán española sigue siendo la Isla de Cuba a pesar de los años que han pasado desde la salida de España, del significativo número de cubanos en Estados Unidos y de los nocivos efectos del comunismo sobre el pueblo?

FN – Cuba ya no es española, pero, ¡ojo!, tampoco es cubana. Era muy española en 1959, ahora sólo quedan ruinas. Todo el tejido económico de la pequeña empresa lo llevaban los bodegueros españoles, el comercio de exportación y el mayorista también. Casi toda esa gente vive en Estados Unidos ahora. Por otro lado, las tradiciones cristianas fueron abolidas, mientras que las dificultades en el racionamiento acabaron con las uvas, turrones y polvorones de navidad. Con el resto de las costumbres españolas, principalmente culinarias, ocurrió lo mismo: garbanzos, chorizos, jamón serrano y frijoles blancos pasaron a la historia. No hablemos ya de los vinos. El castrismo, por su parte, como todo populismo, quiso fabricar a "verdaderos cubanos". Ese proceso significaba eliminar todo lo español de la cultura. A fin de cuentas, no se puede defender una identidad contra la cual se "ha luchado durante más de 100 años", y sobre la cual se ha pretendido triunfar tras una "heroica" guerra de independencia. Los españoles se sienten en casa cuando pisan la isla, pero el abismo es hoy casi insondable.

YMS – Sin embargo, usted dirige la Asociación Autonomía Concertada para Cuba que "reclama la reunificación de la Isla con España". ¿Cree que pese a todo lo que expuso anteriormente pudiera ser posible la reunificación?

FN – A pesar de todo eso, creo que no todo está perdido; a fin de cuentas, lo que hizo una política voluntarista del Estado, lo puede deshacer otra política voluntarista, pero en sentido contrario. Basta con quererlo y conseguir la adhesión popular a ese proyecto. Las bases sobre las que se sustenta la idea están a la vista: ningún sistema político aplicado por nuestras élites a través de la historia ha funcionado. La única opción que no hemos ensayado es la que quedó abolida con la intervención norteamericana, o sea, la Autonomía. Pocos lo recuerdan o lo saben, pero Cuba fue la primera Autonomía española en la historia moderna. Durante el año que duró, se produjeron avances sociales y políticos desconocidos hasta la fecha, de los que se beneficiaron todos los naturales de la isla, incluyendo a los negros. El interés que ponen los historiadores oficialistas en denigrar todo lo alcanzado durante ese período, considerando que las reformas llegaron "demasiado tarde", hacen pensar que todavía queda mucha tela por donde cortar. Además, Cuba reunificada con España podría mantener los "logros" del socialismo y conseguir una transición pacífica e incruenta hacia la economía de mercado. Como región ultraperiférica de Europa, la isla se beneficiaría con la transferencia de fondos estructurales lo que le permitiría una rápida reconstrucción. Terminar con el castrismo no es ideal que mueva a la población dentro de Cuba; sin embargo, una ley extendida de nacionalidad, y la voluntad por parte de España de invertir recursos en ese proyecto con ciertas garantías entre ambas partes, podrían cambiar nuestro triste destino como pueblo desgajado por intereses económicos de su verdadera nación. Llegados al punto en que estamos en la actualidad, todo es posible. Nadie, ni siquiera Estados Unidos, podría oponerse a un plebiscito vinculante entre los pueblos de ambas naciones, pero primero España tendría que mover ficha. Extender la nacionalidad a los bisnietos tendría como consecuencia que siete u ocho millones de cubanos pudieran adquirir la nacionalidad española. De un plumazo se estaría cambiando la historia y sin tirar un tiro. A la escala de la historia mundial sería tan o más importante que la caída del muro de Berlín, sobre todo, porque detrás de Cuba vendrían otros países iberoamericanos desencantados de sus "independencias" a sumarse al movimiento.

YMS – ¿Estaría España lista, en el caso hipotético de que esto ocurriera, para asumir nuevamente a Cuba como una provincia autónoma?

FN – En la actualidad, las élites españolas, que no España, cuidado, no están por la labor, esa es la triste verdad; de ahí, a preguntarse si el país está por la reunificación, va un trecho muy importante que no me atrevo hoy por hoy a considerar. Que nadie haya visto en la Península el alcance de este proyecto dice mucho del grado de depauperación moral de la intelectualidad española, pero sobre todo del daño que nos ha hecho a todos asumir los tópicos de la leyenda negra. Tiene usted razón, España sola no podría asumir el coste de la reconstrucción en Cuba, pero contrariamente a 1898, la Península no está sola. Dado el contexto geopolítico actual, Europa, con tal de contrariar a Donald Trump, podría sumarse a ese proyecto y servir de mediador con Estados Unidos para llevarlo felizmente a cabo. A la larga todos saldríamos ganando: los cubanos, con una transición "dulce" hacia la economía de mercado; España, con más peso político en Europa, y Estados Unidos, con un problema menos que resolver. También en ese nuevo contexto, las reivindicaciones nacionalistas de catalanes y vascos pasarían a un segundo plano porque ese proyecto común nos habrá devuelto a todos la esperanza.

ALEX OTAOLA
Los cubanos nos merecemos un mejor país

Converso con Alex Otaola, el presentador cubano del show online "Hola Otaola", que cada día se hace más conocido y seguido por cubanos fuera y dentro de Cuba. Amado por muchos, odiado por otros. Otaola resulta un hombre molesto para algunos, en especial para el régimen castrista y sus seguidores. Ni amigos ni detractores pueden negar que Otaola le canta las cuarentas al castrismo desde su tribuna, en su set, frente a las cámaras. Al régimen de la isla le resulta alarmante el alto nivel de convocatoria que tiene este hombre delgado, de voz suave, rostro dulce, ademanes finos, pero tono enfáticamente enérgico, al que no le importa pasar de la absoluta pasividad expresiva a la catarsis total. Y es que le queda bien −o ya nos acostumbramos− a verlo ir, de cero a 100 en fracciones de segundos.

Yoaxis Marcheco: Tengo una gran curiosidad, Otaola es tu apellido o es tu pseudónimo.

Alex Otaola − No, es mi apellido. Es un apellido vasco. Es una herencia vasca que tengo. Soy Otaola de apellido, lo que combiné la musicalidad de Hola Otaola para montar el show.

YMS − ¿Dónde naciste exactamente?

AO − Nací en la misma ciudad de Camagüey, que no te oigan los habaneros, porque los habaneros dicen que nada más La Habana es ciudad.

YMS − ¿Qué recuerdos albergas de tu infancia y de tu primera juventud?

AO – Mira…, tengo recuerdos maravillosos a nivel familiar, a nivel de crecer querido, rodeado de gente que me inculcó buenas cosas, preceptos, conceptos y tengo muy buenos recuerdos de compartir con mi gente, de crecer rodeado de afectos, eso lo recuerdo muy bien. A nivel social, recuerdo que en la época en que yo nací, que era la época de oro de los rusos en la relación con Cuba, había medianamente de todo, de mala calidad y demás, pero había de todo en los finales de los setenta y principios de los ochenta. Fue la única época, creo, en la que se pudo respirar un poquito más a nivel económico. Pero, a nivel social, lo que más recuerdo es el adoctrinamiento en las escuelas. Ese período que hoy uno puede valorar desde otro punto de vista porque en aquel momento uno era un niño, no sabía de eso y de cuán peligroso puede ser.

YMS – ¿Conservas amigos de aquellos tiempos?

AO – No tengo relaciones con Cuba, ninguna. Tengo familia, que es lo único que me hace de vez en cuando llamar, pero desde que yo tengo una postura públicamente frontal con el régimen, he tratado de mantener alejada las relaciones con mi familia, incluso para evitar que ellos tengan la posibilidad de alguna manera de fallarme. Es el precio que se paga por enfrentar a la dictadura.

YMS – ¿No es un precio demasiado alto?

AO – Creo que es un precio alto, pero que yo estoy dispuesto a pagar y que mi familia está dispuesta a pagar, entonces no hay problemas, seguimos adelante.

YMS – Hablemos del Otaola de hoy. Unos te definen como "influencer", otros como activista. ¿Cómo te defines tú en ese sentido?

AO – Yo soy una persona del entretenimiento, obviamente soy un comunicador porque comunico, estoy frente a las cámaras, tengo que conectar con la gente, entonces eso me hace inevitablemente un comunicador. Ahora, que yo prefiera hablar también dentro del entretenimiento de política, hacer conciencia en la gente, tratar de que la gente entienda o de que cambie su visión o de que valore lo que está sucediendo con los nuestros en Cuba desde otro punto de vista, desde lo individual, pues esa es mi misión, y eso es lo que estoy haciendo, y es lo que molesta a muchos, y lo que gusta a otros. Y allí estamos en medio de todo esto y ahora mismo en una entrevista contigo, imagínate tú.

YMS – ¿Emprendiste este camino del *streaming* o las transmisiones en las redes sociales estando seguro de que triunfarías o fue, digamos, como lanzar una botella al mar, usando lo que algunos definen como "medios de comunicación no convencionales"?

AO – Es que el mundo ha cambiado tanto que ya no hay nada convencional y no convencional. Por ejemplo, actualmente Facebook es la plataforma o medio de comunicación que más tráfico tiene a nivel de datos, de Internet, de información, campañas políticas, todo se mueve en Facebook. Por otra parte, yo mismo tengo un estilo que no es convencional: soy políticamente incorrecto y no lo digo como cliché. Creo que eso es lo que hace que la gente se conecte. Por cierto, no estoy solo en este punto del discurso: hay mucha gente cansada del exceso de corrección política. Aclaro que no tengo la intención de dejar en ridículo a las personas, a los periodistas o a los comunicadores que prefieren la corrección política excesiva. Algunos de ellos me achacan ataques que no les hago, cuando yo solamente doy mi opinión *sobre* cualquier tema; una opinión como ser humano y como profesional del medio. Sobre la analogía que haces de la botella y el mar, digo que hay que lanzarse y punto, porque lo que mucho se prepara, nunca se hace. Hay que tirarse al ruedo y sobre la marcha vas viendo qué te sobra, qué te falta, qué necesitas, qué no, qué puedes sustituir por qué, cómo puedes variar algo que no te gusta del todo. Eso lo descubres mientras lo haces. Es algo que no te lo puede explicar nadie, porque en la vida, todo el tiempo tenemos que tomar riesgos y aprender a vivir con las consecuencias de nuestras acciones, inclusive en el plano profesional.

YMS – ¿Crees que ese es un buen consejo para aquellos que quisieran lanzarse, pero no se deciden?

AO – Yo siempre incito a la gente a que lo haga. Después ya te dirán: "estás mal", "estás bien", "estás equivocado". Siempre va a haber opiniones sobre lo que otros hacen. Opinar es la acción humana más cercana a la perfección que conozco. Los cobardes, ni se lanzan, ni opinan, pero sabes que de los cobardes nadie ha dicho nada.

YMS – ¿Qué influencias has recibido de los shows de farándula de canales hispanos?

AO – Lo que yo hago no existía, chica, porque lo que yo hago es hablar de la farándula cubana y ningún canal habla de los artistas cubanos, no les interesa. No les da rating, no les aporta nada a sus contenidos o a su programación. Por eso es que (los artistas) tienen que pagar "Payola" en la radio, en los canales de televisión, en las revistas, para que los pongan. Yo no, yo aproveché ese nicho vacío y decidí hacer mi programa sobre eso, sobre lo que nadie hace. Eso sí, yo miro mucho, yo miro, por ejemplo, las noticias, escucho lo que están diciendo y pienso: ¿cómo yo diría esto de otra forma? o ¿cómo sería la otra parte de la noticia que no te están contando allí?

YMS – Tienes seguidores de todo tipo, una audiencia leal y numerosa, aun cuando tratas temas que no a todos agradan, creo que al que no le gusta el chisme, te ve por el activismo político que haces, o viceversa.

AO – Yo trato de mezclarlos, de hilvanarlos de una manera que mantenga a la gente siempre conectada, y ahí yo creo que hay un mérito de la producción del programa que es la que crea el hilo conductor. Obviamente, también pongo lo mío, pero creo que es un trabajo de todos y es eso lo que tiene enganchado a tanto público. Como bien tú dices, las mujeres, los camioneros, los señores mayores, los jovencitos, todo el mundo lo ve, todo el mundo está pendiente de lo que va a pasar, de lo que dijeron, cómo contestaron, así que eso es un mérito muy grande del equipo.

YMS – Un mérito muy grande y es constante, no mengua, todos los días crece más tu público.

AO – Por eso a los que están interesados en destruirnos, les molesta que la gente piense por sí misma.

YMS – ¿Eres el *influencer* cubano más exitoso?

AO – No, no sé, de verdad. Nunca me he puesto a pensar, no me pongo a medir eso, si soy el más exitoso o no soy el más exitoso. Está Sandra Cires que tiene mucha gente que la ve, a Pollito Tropical lo ve mucha gente también. Cada uno tiene su estilo, no hacen *live* como yo, pero creo que todo el mundo en lo suyo, está bien.

YMS – O sea, no compiten entre ustedes. ¿Se apoyan? ¿Cómo se mueve este mundo?

AO – Por supuesto que no nos sentamos a comer, yo no hablo con ninguno, no soy amigo de ninguno, ni los conozco, tú sabes. No tengo ningún tipo de relación con ellos, pero te digo, en mi caso personal no me pongo a mirar cuánta gente se le conectó a Pollito, no sé ni lo que hacen realmente. No los sigo, pero lo que te digo es que cada uno sea lo que sea. Yo, por ejemplo, hago *lives*, otros hacen videos para Youtube: cada uno en lo suyo le regala a la gente un producto diferente, desde su visión, desde su estilo. Me parece muy bien, tendrían que salir más gentes a hacer sus cosas.

YMS – Eres conocido dentro de Cuba. ¿Cómo te llega el feedback? ¿Estás satisfecho de la audiencia que tienes dentro de la Isla?

AO – Muchísimo, muchísimo. Fíjate que ayer me pusieron en el noticiero de la Televisión Cubana. Imagínate, he tenido que irme a trabajar y a vivir fuera del país que me vio nacer para ser noticia dentro de Cuba. Considero ese uno de mis mayores éxitos.

YMS – Es un exitazo...

AO – Claro, es que yo le doy a la gente todo lo contrario que ofrece la dictadura, que es una cosa aburrida, estipulada, cuadriculada. Yo ofrezco todo lo contrario. Y hablo de cosas que no conocen y doy una esperanza y un horizonte diferentes a lo que tienen.

YMS – Como dije antes, tienes un nivel de convocatoria muy alto. Has logrado organizar manifestaciones en el exilio, crear campañas exitosas en las redes, e incluso has logrado que el exilio le cierre las puertas a personajes como el presentador del noticiero de la TV comunista cubana, Rafael Serrano.

AO – Es que eso lo logra la gente; la gente es la que sigue, yo solamente les explico cuál es su poder, el poder que tenemos todos, el poder de la presión que tenemos todos a nivel político, sea aquí, sea en Cuba, sea donde sea.

YMS – Pero, no es menos cierto que tienes una especie de don, eso no se logra fácilmente.

AO – Yo no sé si es don, hija, yo creo que es explicarle a la gente, conectar con la gente, eso es lo importante, conectar. Que entiendan lo que tú le estás diciendo. Que no malinterpreten lo que tú le estás diciendo. Hablarles lo suficientemente claro para que entiendan que no hay otra arista. Más cuando uno se faja con los comunistas: los comunistas siempre tratan de tergiversar el mensaje, sacan de contexto las cosas y quieren confundir; por eso, cuando tú estás luchando contra el comunismo, tienes que ser claro, frontal... me equivoqué, lo dije mal, lo dije bien, esta es la verdad, esta es la mentira... tiene que ser así porque si no, ellos lo utilizan en tu contra.

YMS – Toquemos el tema de los artistas cubanos que quieren nadar en las aguas socialistas y en las capitalistas. ¿Qué sucede con ellos?

AO – Es que eso es lo que están acostumbrados a hacer, eso es lo que se les ha permitido, es lo que ha funcionado hasta ahora, pero las cosas cambian, entonces ya cambió eso. Creo que la gente se ha dado cuenta de que eso no se puede seguir permitiendo, que no está bien.

YMS – Y tú también has tenido mucho que ver en que la gente se dé cuenta de que eso tiene que cambiar...

AO – He tratado, sí.

YMS – Has tratado y lo has logrado...

AO – He hecho lo posible, sí.

YMS – Háblame de lo que pasó con Gente de Zona no hace tanto en Miami, al final no pudieron dar un concierto.

AO – Fíjate, pero eso no tiene nada que ver conmigo, yo no fue quien llevó a cabo esa convocatoria. Esa convocatoria fue espontánea. Cuando anunciaron a Gente de Zona, como ya había sucedido lo de la recogida en contra de la residencia de ellos, como ya habían sucedido las otras declaraciones y los eventos anteriores (el dúo negó conocer a artistas del exilio censurados por el castrismo y han tenido encuentros muy cercanos con elementos del régimen). Entonces, la propia gente decidió que no quería verlos allí y comenzaron la campaña con la presión sobre Pitbull y luego pasó lo de Pitbull (hizo declaraciones en defensa de Gente de Zona). Yo me hice eco de eso, me sumé al reclamo de la gente, apoyé porque me parecía justo, pero no fui quien convocó en este caso.

YMS – Pero, desde antes tú habías tocado el tema de Gente de Zona, Descemer Bueno, o sea, de alguna manera influenciaste a quienes hicieron la convocatoria.

AO – Desde que ellos saludaron a Canel, reconocieron a Canel públicamente en el concierto de Laura Paussini, pues yo... o sea, yo tenía una buena relación con ellos, no éramos amigos, pero teníamos una relación cordial y desde que ellos hicieron ese reconocimiento público ahí empezaron todas las diferencias.

YMS – Volvamos al pasado. ¿Desde cuándo eres abiertamente anticastrista? ¿Ya lo eras cuando vivías en Cuba?

AO – Desde siempre, porque yo nací en una familia... mi abuelo fue preso político, y aunque ellos siempre se cuidaron mucho de no comprometer al niño, que el niño no oyera, no sintiera, uno se da cuenta y uno luego crece, escucha historias, ata cabos. Entonces, yo siempre fui una persona abiertamente gay. Reconocer que eras gay en los años ochenta, cuando yo era un adolescente: ochenta y siete, ochenta y ocho, ochenta y nueve, noventa, pleno Período Especial, pleno machismo, pleno calor, plena hambre, pleno tormento, ahí fue que salí yo del closet. Siempre fui un chico abiertamente gay y, por lo tanto, un chico sin ningún tipo de dependencia del régimen. Al ser abiertamente gay, inmediatamente el régimen se separa de ti, no eres ni militante.

YMS – No eras nadie...

AO – No eres nadie, eres un asco. Eres un ser humano de segunda clase. Entre las familias y entre esa sociedad machista, yo crecí individual, siempre fui frontal, nunca fui de pararme a gritar abajo Fidel en una esquina, pero sí de ver a un policía poniéndole una multa a un amigo gay y fajarme con el policía, decirle cuatro cosas, ir con la multa del amigo y con mi amigo al jefe de la unidad y fajarme con el jefe de la unidad. Yo siempre me enfrenté a ellos. Ahora, con el paso del tiempo, con el acceso a la información, de leer y ver las cosas desde la otra orilla, entonces eso también suma para otro tipo de lucha que no es la que tenía hace doce años atrás, quince años atrás.

YMS – ¿Te fuiste de Cuba por las razones que mencionaste antes?

AO – Yo me fui de Cuba porque me llegó el sorteo, yo vine para acá con veinticuatro años. No tenía manera de venir, o sea, yo no tenía gente que me reclamara, no era la época tampoco de los ciudadanos españoles. La gente la única manera que tenía en aquel momento para irse era una balsa, ser jinetero o jinetera o ganarte un bombo. Yo me gané el bombo. Un bombo que mandé hacía mil años atrás..., lo mandé en el 98, pero me llegó en el 2001 y vine para acá en el 2003, fíjate cuanto tiempo demoré y no formaba parte de mis planes, porque no podía, no tenía la forma de hacerlo y cuando me llegó dije: Bueno, alante, eso ni se piensa, y no me arrepiento para nada. Es que si no, estaría ahora en la frontera.

YMS – Abordemos otro tema. ¿Crees resueltamente que parar los envíos de remesas y ayudas a Cuba es la solución para que termine el régimen o esta campaña que promueves del Parón es como un experimento para ver cuáles serían las consecuencias?

AO – Mira, nada va a tumbar al régimen. El régimen va a caer por muchas cosas. La época de los mambises ya pasó. La época del 26 de Julio ya pasó. La época de los Rebeldes ya pasó. Ahora la lucha es de otra manera y ahora son muchas cosas las que tumban a una dictadura. Bueno, ahora y siempre. Todo lo que sea quitarle al régimen la manera de sobrevivir económicamente, de explotar a su propia gente... yo estoy de acuerdo, y me parece que eso es lo que hacen las remesas, las recargas, que sí es lógico que hay que tener una comunicación y es lógico que hay que tener una relación con la familia. Pero, esto del Parón de enero no es para tumbar el gobierno en febrero, es para demostrar que sí podemos parar en enero, podemos parar un año, podemos hacer lo que nos dé la gana, porque tenemos el poder. Lo importante de la unidad en ese sentido. Siempre te vas a encontrar gente que si tú dices: vamos a hacer un parón, te dicen: no, yo estoy en contra del parón. Si tú dices: vamos a mandar el doble de recargas, dicen: mira cómo están ayudando a los comunistas, miren pá llá, entonces siempre es lo mismo, siempre es igual.

YMS – ¿Y cómo lograrías medir los efectos del Parón de enero?

AO – Tenemos reportes de al menos dos compañías que se dedican a hacer las recargas que nos están facilitando los datos de cuánto real ha bajado o no y hacemos un estimado. No creo que haya manera de, inmediatamente al menos, tener una cifra oficial; ya luego, si se le solicitará a Western Union los récords de enero, creo que se pueda acceder a eso. Pero, según todos los pronósticos y todo lo que está sucediendo y los reportes actuales, es un éxito.

YMS –¿Hiciste viral la frase sobre Miguel Díaz-Canel, "el puesto a dedo"?

AO – Sí, la inventé, se lo puse y ya se le quedó. Está bien, está bueno, eso me parece genial.

YMS – ¿Te demuestra Díaz-Canel que te odia?

AO – No sé, no me lo demuestra él, pero me llega información de que realmente se preocupa, que le interesa ver lo que dije y se molesta, me detesta y trata de... "apaguen eso" y "vuélvanlo a poner", es como una relación enfermiza...

YMS – No le caes bien al castrismo en general. Te han acusado de trabajar para el gobierno americano y te han enfilado los cañones en un reportaje transmitido en el Noticiero Nacional donde te vinculan con los Clandestinos. ¿Qué sabes de Clandestinos y qué opinas de ellos?

AO – Mira, el régimen vincula a todos los *youtubers*. Si te pones a ver, los medios cubanos mencionan casi todos los que son más seguidos. Está Roberto San Martín, está Ultrack, Liu Santiesteban, están todos los que alcanzan altos números de visualizaciones. Obviamente, los que nombraron en el reportaje son los que les preocupan, la gente que les crea a ellos un ruido, un problema. Eso vi en la última farsa del Noticiero Nacional cubano.

YMS – Hablas del reportaje sobre la supuesta detención de varios integrantes de Clandestinos, pero, ¿quiénes son ellos?

AO– Yo creo que son personas que han surgido dentro de Cuba y que tienen ganas de decir que están mal, que no les gusta lo que está pasando y están en su derecho y me parece genial. Mientras sea una cosa pacífica que no involucre la muerte de nadie, el sufrimiento de nadie. Mira, ellos pusieron cien bombas en una noche con el Movimiento 26 de Julio y mataron inocentes, y ellos no son considerados terroristas. Yo creo que el Movimiento 26 de Julio tendría que ser considerado y declarado un grupo terrorista. Imagínate tú, todo es de la parte desde donde tú lo mires.

YMS – Y que sean precisamente bustos de José Martí los que se utilizan para hacer este tipo de protestas, ¿crees estos bustos son un símbolo de patriotismo o del régimen?

AO – No, Martí no es del régimen...

YMS – Me refiero a los bustos...

AO – Martí es de todos los cubanos, de los de toda la vida y de los que vendrán en el futuro cuando, ya no exista el régimen. Ellos han tratado de apropiarse de la imagen de José Martí como símbolo revolucionario, lo dijeron en el reportaje que pusieron y no es así. Quizás, por eso, esta gente (Clandestinos) aprovecharon los bustos de Martí, porque... número uno, son los bustos más horrendos que puedan existir en la faz de los bustos, una cosa mala y horrible. Entonces, yo creo que esta gente (Clandestinos) aprovechó el tema de la imagen o de lo que representa Martí para llamar la atención de todos, de los martianos, de los no martianos, de los que no les importa, y lo lograron. Después, hicieron actos en contra de la imagen de Fidel Castro, o sea, son gente que están demostrando una inconformidad con su realidad y eso es válido... es perfecto. En otros países del mundo lo hacen pegándole candela a los basureros, no sé... la gente tiene derecho a manifestarse.

YMS – Pero, es más fácil y más conveniente para el régimen acusar a personas como tú, como Ana Olema, antes de reconocer que es que la gente en Cuba está disgustada con el sistema que ellos han impuesto, ¿no?

AO – Es que ellos no quieren reconocer eso de ninguna forma. Ellos quieren dar la imagen de que mucha gente, de que todo el pueblo está feliz con la realidad de la miseria que tienen y eso es falso. El descontento cada vez es más grande.

YMS – Hablemos de tu seguridad. ¿Has sentido alguna vez que tu vida corre peligro? ¿Recibes amenazas? ¿De quiénes?

AO – Las amenazas nunca llegan con un rostro porque saben que tú vas a tener una referencia. Llegan anónimas, llegan por internet, llegan por mensajes, a veces son llamadas. Suceden de mil maneras, pero lo importante no es quién te amenaza, lo importante es que tú te cuides, que estés consciente de que hay que cuidarse. A John Lennon lo mató un fan y nadie le avisó que lo iban a matar. Todo el mundo tiene que cuidarse porque locos hay millones, los psiquiátricos están vacíos. Pero no es una cosa con la que yo viva atormentado.

YMS – Pero, sí tomas medidas para protegerte...

AO – Claro, tengo mi seguridad.

YMS – Pasemos al Otaola político, pero de la política norteamericana. ¿Por qué quieres a Trump en el 2020?

AO – Porque lo está haciendo bien, porque me parece que ha cumplido con las promesas que le ha hecho a la gente. Hoy, Estados Unidos es un país más seguro, un país que está económicamente mejor, un país que tiene más empleo, que tiene mucho más crecimiento. Así que me parece bien, por eso es por lo que lo apoyo.

YMS – Con respecto a Cuba, ¿qué te parece lo que ha hecho Donald Trump hasta ahora?

AO – Que está haciendo lo correcto, está haciendo lo que tiene que hacer.

YMS – Si sale algún candidato demócrata, ¿todo lo que se ha hecho hasta ahora por Cuba durante estos cuatro años se revertiría?

AO – No va a salir un demócrata, hija. No tienen candidato, no tienen a nadie. Los demócratas siempre son de dar, de regular, de la bobería. Son de eso, de regalarle dinero a las comunidades, de hacer planes, de hacerle creer a la gente que, con el regalo, que con la dádiva va a resolver, en vez de trabajar, de apostar, de invertir. Eso es lo que hace crecer a un país, a una nación, un gobierno, una economía. Invertir, la gente que se arriesga, la que va alante, eso es importante y con los demócratas no hay eso, con los demócratas es todo regulación, el permiso, la raya, el papel..., la cosa..., el metro cuadrado..., ¡ay!... ¡es horrible!.

YMS – El exilio: ¿notas que hay un despertar?

AO – Sí, hay un despertar y la gente está interesada, quiere hacer, quiere decir. Quiere ayudar, quiere cooperar, quiere apoyar. Me parece muy bien. Me parece fantástico.

YMS – ¿Te sientes parte importante de ese despertar?

AO – Me siento feliz de poderlo vivir. De poder estar en este momento y poderlo hacer y poder formar parte de esta gente que quiere cambios.

YMS – Bueno, Alex, quisiera terminar escuchándote hablar de Cuba y de los cubanos...

AO – ¡Ay, Dios mío!, ¡imagínate tú! Hablar de Cuba. Mira, yo creo que Cuba y los cubanos lo que tenemos es que acabarnos de dar cuenta de que nos merecemos un mejor país, nos merecemos una mejor vida, nos lo merecemos, nuestros hijos se lo merecen, nuestros padres se lo merecen. Toda la gente que ha nacido dentro de ese sistema que ha acabado con la sociedad cubana, entonces nos merecemos ser mejores. Nos lo merecemos y eso es lo que tiene que pasar: la gente tiene que darse cuenta de que ya 61 años fue suficiente. Si en 61 años tú no has logrado ser una gran persona, haber arreglado tu casa, ¿cuándo lo vas a hacer? ¿Vas a necesitar 120 años para desarrollar un proyecto que triunfó con el apoyo de todo el pueblo, de todos los que estaban allí o con una mayoría aplastante en aquel momento? Entonces, si no lo pudiste hacer cuando tuviste todo el apoyo mira, ya, desiste, basta. Es el momento de cambiar el mando, de pasar la bola. Como dijo Orishas: está trancado el domino.

YMS – Y entonces, ¿cómo terminas?

AO – ¡Hay que joderse!

ROLANDO PULIDO

Mientras exista dictadura en Cuba, la censura y la represión al arte van a seguir intactas

Converso con Rolando Pulido, artista plástico cubano, diseñador gráfico y activista pro Derechos Humanos. Pulido tiene una historia que contar sobre su pasado en un país de opresión y odio, desgobernado por un régimen totalitario y comunista. Con principios morales que no teme mostrar y una determinada y clara posición política, la obra de Rolando Pulido tiene una indiscutible importancia dentro del activismo gráfico, de denuncia y de lucha por alcanzar un sistema democrático que respete los Derechos Humanos en Cuba. Rolando es un cubano, según expresa, a quien el exilio lo hizo libre y que encontró en Nueva York, la ciudad donde reside desde 1980, la patria que su nación de origen le negó.

Yoaxis Marcheco: Háblame de tu niñez

Rolando Pulido: Nací en la ciudad de Cienfuegos. Mi niñez transcurrió durante las décadas de los sesentas y setentas, pero en los sesentas aún quedaban algunas huellas de lo que fue una Cuba mejor en todos los sentidos. Fue muy difícil y muy triste crecer viendo cómo se desmoronaban los valores que habían hecho de Cienfuegos una ciudad próspera, bella, limpia y culta. Fue durante esa década en que, de manera casi masiva, el pueblo mismo, y con gran entusiasmo, se dedicó a combatir los buenos modales, la ética, el concepto de familia tradicional, el respeto y la elegancia. La vulgaridad se puso de moda. Fui testigo, aunque siendo muy pequeño, de una gran campaña de vulgar y mal gusto, que se apoderó de la sociedad cubana con la excusa de que esos "valores" eran rezagos del pasado, del malvado e injusto capitalismo creado por el imperialismo yanqui. Fue, en mi opinión, la peor década. Lo que vino después fue el derrumbe social que era de esperarse. Desafortunadamente fueron muy pocos los que se dieron cuenta de lo que venía y trataron de advertir, o de denunciar, o de sumarse a la guerrilla en las montañas de El Escambray, o de, al menos, no formar parte del desastre. Fueron esos pocos los que sufrieron la peor represión en la historia de esa Revolución comunista.

YMS – ¿Alguien en tu familia fue de esos pocos?

RP – Mi padre fue uno de esos pocos que se negó a trabajar para el gobierno de Fidel Castro, y sufrimos las consecuencias todos los que en la familia no éramos comunistas. La otra parte de mi familia sí se sumó de corazón abierto a la dictadura, haciéndole mucho daño, en casos irreparable, a muchos vecinos y ciudadanos en general y, de hecho, directamente a mi padre. La familia cubana se había destruido para siempre.

YMS – ¿No quedó nada bueno en tu memoria?

RP – Sí, no obstante, guardo algunos lindos recuerdos de esa época también.

YMS – Imagino que uno de esos recuerdos buenos tenga que ver con tus inicios como dibujante. ¿Cuándo empezaste a dibujar?

RP – Comencé a dibujar como todos los niños, antes de aprender a escribir. A mi madre le gustaba dibujar y pintar, y manejaba bien la caligrafía, y esas tres cosas formaron parte de mi niñez y de mi adolescencia.

YMS – Y de Cuba, ¿cuándo te fuiste?

RP – Me fui de Cuba cuando tenía dieciocho años; me fui solo porque mi padre había muerto exactamente un año antes. Desde que tengo uso de la razón supe que vivía bajo una dictadura militar totalitaria, creo que eso es motivo suficiente para querer irse, para huir en la primera oportunidad que se presente. Entonces, tras los sucesos en la embajada de Perú en La Habana, sucedió el Mariel durante la primavera del año 1980.

YMS – Eres un 'marielito'. ¿No tuviste miedo de irte en medio de aquella locura del Mariel?

RP – El Mariel fue la salvación, fue la única oportunidad para escapar de esa mazmorra que era Cuba. Cualquier cosa que me hubiera podido suceder era mejor que vivir en esa triste isla, incluso la muerte en el mar, o de un golpe fatal.

YMS – ¿Cómo visualizas aquellos días en tus recuerdos?

RP – De aquellos días guardo recuerdos de horror: fui víctima de un gran acto de repudio en el que me golpearon sin piedad, entre insultos y escupidas por parte de mis compañeros y profesores de mi escuela, en plena calle. Fue un ciudadano valiente, y armado de un machete, quien me pudo sacar de aquel acto de terror. Nunca supe su nombre, solo recuerdo a un hombre muy negro y muy alto, con sombrero de yarey y un machete ondeando en el aire, como un ángel mambí de la guardia.

YMS – ¿Perdonarías a los que te repudiaron y agredieron en aquel momento?

RP – No, yo no perdono a quienes no lo han pedido.

YMS – Y llegaste a Nueva York. ¿Qué significan para ti el exilio y esta ciudad que te acogió?

RP – El exilio ha significado la libertad. Nueva York ha sido mi hogar desde que salí de Cuba, es mi adorada ciudad y donde he sido muy feliz. No existe otra ciudad como esta, es única, es la capital del mundo.

YMS – El Mariel fue un éxodo masivo, muchos como tú aprovecharon aquella oportunidad para salir de Cuba, pero muchos cubanos decidieron quedarse.

RP – Pienso que quien no se fue en aquel momento fue porque en realidad no se sentía tan afectado o ahogado por la situación del país, claro, me refiero a los que eran adultos en aquel momento. El miedo no es una buena excusa cuando de escapar del terror se trata, y dejar la familia atrás tampoco. Siento compasión por los que nacieron en los años posteriores al éxodo del Mariel, y siento un enorme desprecio por los padres que sometieron a sus hijos a los antojos de Fidel Castro.

YMS – ¿Qué ha pasado con los cubanos en las seis décadas de castrismo, según tu percepción?

RP – La decadencia de la autoestima de los cubanos durante más de sesenta años ha tenido un enorme impacto en la personalidad de todos. De una manera u otra, todos venimos de allí, o descendemos de una familia cubana, y ninguno podemos decir que nuestra "patria" es realmente nuestra. La traición, la indolencia y el silencio del resto de los países del mundo durante tantas décadas, creó en los cubanos un complejo de culpa, de degradación, de vergüenza, de inferioridad, de ahí la doble moral, algo que se convirtió en una virtud. Es horrendo, pero para la inmensa mayoría de los cubanos, callar, robar, ignorar y mentir son virtudes, y se las pasan a las nuevas generaciones como herramientas de sobrevivencia. El torcido hombre nuevo.

YMS – ¿Has sentido nostalgia por Cuba?

RP – Sí, he sentido nostalgia por una Cuba que solo he conocido por referencias, la de antes de 1959, pero jamás por la que me tocó vivir.

YMS – ¿Has vuelto a ir?

RP – Regresé a Cuba de visita en el año 1995 y 1996, y aunque tuve la satisfacción de volver a ver a mis seres queridos y de poder traer conmigo las fotos de familia, me sentí asfixiado y con una gran urgencia de regresar a mi país lo antes posible. Prometí que jamás regresaría.

YMS – Te propongo pasar a otro tema. A mí en lo personal me gustó mucho tu Serie animada: "Historia de un aura tiñosa cubano". Debo felicitarte por el guión de manera particular, la mejor parte es que pensé era un animado que habías hecho con todos los recursos habidos y por haber, pero no fue así.

RP – La Tiñosidad fue un experimento casero, algo que hice para entretenerme un rato, sin la menor intención de publicarlo nunca. Unos años atrás, había creado el personaje de la tiñosa como una caricatura, un comic, el cual utilicé en varios carteles humorísticos, y un día me vino la idea de darle movimiento, entonces practiqué un poco poniéndola a bailar un mambo de Pérez Prado. Por cierto, la película la comencé por la mitad y sin guión. Fue solamente una escena, y luego me animé a hacer otra que la siguiera, entonces me di cuenta de que aquello que se comenzaba a convertir en una historia, no tenía ni principio ni final, pero bueno, como te dije antes, fue (y es) un experimento sin grandes planes, pero fue tan divertido el proceso de trabajo que decidí hacer un guión. Pensé que sería interesante contar y denunciar las terribles cosas que ocurrieron en Cuba, y que aún hoy siguen sucediendo, aunque en menor escala, y quién mejor que un aura tiñosa para contarlas.

YMS – Y nada de grandiosos recursos para hacer la animación.

RP – La película la realicé utilizando un simple y anticuado programa llamado Windows Movie Maker, bastante mediocre, y que en realidad es para hacer videos caseros de fotografías. Mi economía no me permite costear los programás adecuados para ese tipo de trabajo, y mucho menos para pagarle a un equipo de trabajo. Lo hice solo, incluso todas las voces, las que luego alteré con un programa de audio. En un principio no tenía ni siquiera un micrófono, grababa las voces en el teléfono y la enviaba a mi correo electrónico. Luego un buen amigo me regaló un micrófono que, aunque de muy baja calidad, al menos era mejor que el largo proceso anterior. Si espero a que tuviese mejores recursos, jamás la hubiera realizado. Por otra parte, yo no tengo ninguna experiencia en dibujos animados. Todos los dibujos fueron hechos a lápiz y marcador como una especie de clip art, y luego digitalizados y trabajados en Photoshop. Lo único que no es de mi autoría es la música.

YMS – ¿Y por qué auras tiñosas?

RP – Porque las auras tiñosas son mal vistas por la mayoría de los cubanos. Es algo que nadie espera, son buitres, y la sociedad cubana desde hace mucho tiempo tiene un gran parecido. La palabra tiñosidad es una sustitución de la palabra humanidad. Además, a nadie se le había ocurrido antes hacer un "muñequito" con auras tiñosas, pensé que eso llamaría la atención y la curiosidad de algunos.

YMS – Tienes una obra gráfica importantísima y extensa, buena parte dedicada a la demanda de la libertad de Cuba. ¿Cuáles han sido las series más importantes que has dedicado a esta causa?

RP – Comencé a hacer carteles dedicados a la liberación de Cuba en el año 2009, fue mi manera de aportar a esa causa. Es lo único que puedo hacer desde mi hogar en Queens, Nueva York. Dentro de ese tema he realizado alrededor de seiscientos posters de denuncia y de publicidad en algunos casos, como ha sido promover organizaciones y grupos de opositores a lo largo de la isla. Organizaciones femeninas, afrocubanas, LGBT, religiosas, reporteros, artistas, músicos, y blogueros como Yoani Sánchez y Orlando Luis Pardo Lazo, entre otros. También he denunciado arrestos y maltratos hacia miembros de esas organizaciones, grupos e individuos. La mayoría de mi obra ha sido hecha por mi cuenta, en otras palabras, ha sido mi iniciativa, en solidaridad. Yo no tengo recursos para recargar teléfonos, tampoco puedo cooperar con dinero, entonces los ayudé de esa manera. Trataba de difundir sus voces, sus mensajes y plegarias a través de un cartel...o dos o tres. Pienso que en su momento todos fueron importantes.

YMS – ¿Cómo ha sido difundida tu obra?

RP – Mi obra ha sido difundida mayormente en Facebook, aunque también en varios blogs y revistas digitales. También por la Quinta avenida de La Habana y en la Iglesia Santa Rita a través de posters, o impresos en las camisetas de Las Damas de Blanco. También por el Paseo del Prado habanero, como fue el caso del primer paseo LGBT independiente de la dictadura, el primero en la historia de esa isla, para el cual realicé un poster. Para el primer matrimonio gay en Cuba también realicé varios carteles.

YMS – Me vienen a la memoria tus carteles dedicados a Orlando Zapata Tamayo y a su madre, a Oswaldo Payá, a Laura Pollán y a las Damas de Blanco. ¿Cómo se maneja ese lenguaje de activismo político y denuncia en el diseño gráfico, de modo que sea efectivo y que logre llegar a la sensibilidad de la gente?

RP – Los carteles para denunciar un arresto en un medio como Facebook, no tienen que ser exquisitos necesariamente en el sentido artístico, solo tienen que llamar la atención. Lo importante, lo que uno busca es que la gente lo note, estás tratando de vender un mensaje, no arte. Si se pueden fundir ambas cosas, pues mejor, pero en muchos casos, como puede ser el arresto de un opositor, algo que requiere urgencia, uno trata de realizar un cartel lo más escandaloso y lo más rápido posible para que la gente se entere ya, ahora mismo, que arrestaron a x persona. Esa es, en realidad, la labor de un poster de esa índole para una plataforma en donde todo pasa tan rápido como es Facebook, que desde el principio ha sido mi plataforma favorita. De ese tipo de carteles he realizado un montón. También realicé varios carteles en solidaridad con el Movimiento Cristiano de Liberación (MCL), liderado por Oswaldo Payá, como es el Proyecto Varela y El Camino del Pueblo. Más tarde, en solidaridad con su familia y con el movimiento en general, tras su asesinato en el año 2012. También en solidaridad con su hija, Rosa María Payá, a quien considero una amiga. En el caso de Orlando Zapata Tamayo, ¿cómo no apoyar a un hombre que estaba dando su vida, y la dio, para que todos los cubanos seamos libres? ¿Cómo no solidarizarse con una madre que se hundía en el dolor de ver a su hijo perecer, como es Reina Luisa Tamayo? ¿Cómo no denunciar el asesinato de Laura Pollán, líder de las Damas de Blanco? ¿Cómo no sentir admiración y respeto por la Unión Patriótica de Cuba (UNPACU)?

YMS – Otro cartel tuyo que me impacta es: 'No más violencia doméstica en Cuba'. ¿Qué te inspiró?

RP – La violencia doméstica, que en Cuba existe desde que Baracoa era su capital, y existe en todas partes del mundo y en todas las épocas, lo que sucede es que en Cuba es excesiva, ya forma parte de la cultura del país. No hay medios que cubran ese tipo de actos para que salgan a la luz, tampoco hay un proyecto masivo de educación para eliminar esos horribles instintos y herencias. Me gusta denunciar todo lo que me parece injusto y cruel, como también denuncio el horror que viven las mujeres y los homosexuales en los países musulmanes, por eso apoyo a la activista Ayaan Hirsi Ali, por su valentía y por su admirable trabajo.

YMS – ¿Sigues vinculado con lo que acontece dentro de Cuba?

RP – Desde hace unos años he estado bastante desvinculado del acontecer dentro de Cuba, aunque es muy difícil no notar que la represión contra cualquiera que intente hacer algo en forma de denuncia o de protesta, sigue igual que siempre.

YMS – ¿Qué mensajes dejarías a los jóvenes artistas que dentro de Cuba se enfrentan cara a cara al régimen, a su censura y represión?

RP – La censura y la represión del arte comenzaron a principios de la década del 60, es obvio que mientras que exista en Cuba la misma dictadura, esas cosas van a permanecer intactas. Es la ley y punto, y la mayoría de los cubanos la respetan, antes y ahora. No son tiempos para usar el arte como medio de acción, ya eso se ha usado tanto y no tuvo ni tiene los resultados que se buscan: Cuba sigue igual. Pienso que son momentos de acción en las calles, como hacen los valientes venezolanos.

YMS – ¿Y qué le dirías a los opositores tanto de dentro como de fuera de la Isla?

RP – Los cubanos, o la mayoría, buscan siempre la aceptación de la izquierda internacional, como diciéndoles: mira, yo no soy de derechas, yo soy bueno, yo solo quiero vivir como tú, pero en mi país. Le temen, le tienen terror a eso que llaman erróneamente "la derecha". No se dan cuenta de que esa izquierda internacional es la responsable de todo el desastre que ha sucedido en Cuba, solo esa izquierda apoyó y sigue apoyando a la dictadura cubana, no la derecha. Eso trae como consecuencia la actitud que vemos hoy, de discordia, de riñas y de odios que existe entre los opositores de dentro y fuera del país. Ninguno tiene idea de unidad, cada cual hace cosas diferentes, y existe una gran competencia entre ellos, a ver quién hace más que el otro, o quién lo hace más bonito que el otro, o quién es más original que el otro. Es un festival de artes y quejas. No hay seriedad porque no saben en realidad qué es lo que buscan, desconocen el verdadero significado de la palabra libertad, y cuando les preguntas, muchos te responden: los cubanos somos plurales, estamos cansados de ser iguales. La inmensa mayoría piensa que la salud y la educación son derechos que el Estado debe otorgar. La doctrina socialista cala en el cerebro de los niños como calan las religiones, en lo más profundo del subconsciente. No se dan cuenta que en un caso tan extremo como es el caso de la libertad de la nación, hay que unirse para lograr tener fuerza. No importa quien hace esto o lo otro, el caso es hacerlo juntos, como un ejército formado por compatriotas que buscan lo mismo, la liberación.

LILO VILAPLANA

El artista vale más por la importancia de su obra

Considerado como uno de los creadores cubanos de audiovisuales más importantes de todos los tiempos, Lilo Vilaplana no se define a sí mismo como un realizador de televisión, ni como un cineasta. Su objetivo actual, dice, es crear y por ello deja las definiciones en las manos de quienes quieran acercarse a su obra. Desde sus inicios como profesional en su natal Camagüey, la meta de Vilaplana ha sido superarse en cada propuesta.

Uno de sus más recientes proyectos, *Leyendas del Exilio*, es una serie de docudramas, producidos entre Vilaplana films y América TeVe, que ha tenido una favorable aceptación en el público miamense y cuyo objetivo primordial es reconocer a las figuras del exilio que se destacaron por su enfrentamiento al castrismo. Muchas de ellas cumplieron largas condenas de cárceles y finalmente tuvieron que abandonar Cuba para poder sobrevivir.

La gran aspiración de Lilo Vilaplana es que esta serie, cuya segunda temporada ya está muy próxima a salir al aire por América TeVe, llegue también hasta los cubanos que viven en la Isla, para esto piensa en varias alternativas, entre ellas que pueda ser incluida dentro de los intereses de programación de Radio y TV Martí. Lilo Vilaplana tiene una larga lista de seriados en su haber en diferentes televisoras del continente, tales como Fox Telecolombia donde trascendió fronteras con la serie *El Capo*, con la que recibió siete premios en el Festival de Cine y Televisión India Catalina, entre ellos, los premios a la Mejor serie y Mejor Director, y en el Evento TV y Novela fue elegido como el Director favorito de Colombia.

Mucho éxito tuvo también con *La Muerte del Gato*, galardonado como el mejor cortometraje de América Latina en el Festival Iberoamericano de Cortometrajes 2014, de Madrid, España; además del Premio Emmy al mejor programa de habla no inglesa en Prime Time de Estados Unidos por *Arrepentidos*, docudrama dirigido por él, para Nata Geo. Aun con todas estas glorias, Vilaplana no ha antepuesto el éxito o la fama a su sueño de ver a Cuba libre y a su empeño de aportar con su trabajo para esta causa que para él es una de las más significativas en su vida.

Yoaxis Marcheco – ¿Cómo fueron los inicios de Lilo Vilaplana en Cuba?

Lilo Vilaplana – Empecé en el teatro, actuando y dirigiendo en mi pueblo natal San Fernando de Nuevitas, en la costa norte de la provincia de Camagüey. También iba a los talleres literarios, me gustaba escribir. Luego vino la televisión...

YMS – La televisión ha sido un medio importante para usted, según aprecio ¿Cómo se define Lilo Vilaplana, como un cineasta o como un realizador de televisión?

LV – Esa definición se la dejo a quien vea mi obra. A quien decida estudiarla... Me llaman de distintas maneras. Pero, la verdad para mí lo importante es hacer. No dejar de crear. Como me llamen es lo de menos... El artista vale por la importancia de su obra.

YMS – Durante tus años en Cuba, ¿hubo barreras para el desempeño profesional dentro de la Isla?

LV – En dictadura siempre hay barreras, pero quejarme nunca fue mi fuerte. Luchar por alcanzar lo que quiero es una condición natural que tengo. Todo lo que he logrado siempre ha sido con mucho esfuerzo.

YMS – ¿Le negaron alguna vez directa y abiertamente la posibilidad de presentar o dirigir un guión?

LV – Sí, varias veces. Recuerdo un unipersonal que escribí y le dirigí al actor Olegario Pérez, que no le dejaron presentar en el Festival del Monólogo en La Habana porque entendieron era anticastrista. Escribí dos series para la Televisión Cubana: *Papeles en el aire* y *El Bandolero*, y después de pagarme los capítulos, nunca los realizaron. Cuando dirigía el infantil *Dando Vueltas*, en varias oportunidades, agentes de los Órganos de la Seguridad del Estado me llevaron a interrogatorio en la oficina del G2 en el ICRT o Instituto Cubano de Radio y Televisión. Ya viviendo fuera de la Isla, después de ganar premio al mejor cortometraje de América Latina en el Festival Iberoamericano de Cortometrajes en Madrid, España y pasar por el Festival de Cannes y otros eventos, *La Muerte del Gato* no fue aceptado en el Festival de La Habana, pero tampoco en el de Miami.

YMS – O sea, también lo han censurado fuera de Cuba, incluso en Miami. ¿Le han censurado otras obras, además de *La Muerte del Gato*?

LV – Mi más reciente cortometraje, *Los Ponedores*, ha sido presentado en varios Festivales de Cine y no ha sido aceptado para competencia, pero parece que las largas manos de la tiranía ordenaron excluirme de estos eventos. Para nadie es un secreto que la izquierda y los cómplices del castrismo son los que manipulan casi todos estos festivales en el mundo. Es como una atontada moda la estupidez de sentirse "progresistas" por ser anticapitalistas.

YMS – Vayamos otra vez al tema Cuba. ¿Por qué salir de la Isla de forma definitiva?

LV – A Cuba me gustaría regresar cuando sea libre o para luchar por la libertad de mi patria. Pero no quiero arrodillarme a las decisiones de un régimen prepotente que agrede el derecho a pensar, a soñar, a prosperar. No es una decisión fácil, pero no quiero vivir en un país donde se me arrebaten mis derechos. Me ha costado muchos años de separación de mi familia, de mi tierra. La libertad cuesta cara y hay hombres y mujeres que están dispuestos a pagar ese precio. Una cosa es vivir en libertad y otra vivir fuera de Cuba, pero seguir humillado al castrismo desde dentro o desde fuera, eso no es vivir en libertad, es un estado miserable y de aceptación de la tiranía.

YMS – ¿Por qué fue Colombia el destino después de dejar Cuba para siempre?

LV – Porque fue en ese país donde me llamaron a trabajar. Llegué de Cuba con tres mudas de ropas, cinco dólares y siete libros. Y doy gracias a Dios y a mis santos que fue a Colombia, un lugar donde hice grandes amigos, viví muy feliz, es la tierra donde nació mi hijo. Realicé muchos sueños en ese gran país.

YMS – También hubo éxito profesional en Colombia. ¿Cómo llega a FOX Telecolombia? ¿Esperaba el éxito alcanzado como director de la serie *El Capo*?

LV – En Colombia había trabajado en TV y cine, luego monté mi propia academia de actuación y productora de televisión que se llamaba Thespis, la cual funcionó durante casi cuatro años. En esa época hice varios proyectos independientes y los vendía a canales y a programadoras, entre ellas Telecolombia. Un día, Samuel Duque, dueño de la empresa, me propuso trabajar directamente con ellos y así empezó mi vinculación con esta empresa. Vi cómo se transformó de Telecolombia a Fox Telecolombia, o sea, vi crecer esta gran empresa de la que siempre me sentiré parte. A *El Capo* le tengo un cariño especial, no solo por la cantidad de premios ganados: 7 premios en el Festival de Cine y Televisión India Catalina y 7 premios en TV y Novelas, incluidos mejor serie y mejor director. Me siento orgulloso de haber dirigido las tres temporadas.

YMS – Le iba muy bien en Fox Telecolombia. ¿Por qué entonces Vilaplana Films? ¿Es una compañía compuesta solo por cubanos?

LP – Vilaplana Films es una compañía que surge para poder realizar nuevos proyectos de manera independiente, y no solo trabajan cubanos, hay personas de distintas nacionalidades.

YMS – En alguna ocasión lo he oído decir que la serie *El Capo* lo ayudó para llevar a cabo otros proyectos que lo han hecho sentir más realizado como director y como cubano. ¿A cuáles de sus realizaciones se refiere y en qué sentido la serie *El Capo* ayudó al desarrollo de estos proyectos?

LV – Parte del dinero que gané como director de *El Capo* lo aporté para hacer mi cortometraje *La Muerte del Gato*, con el que gané satisfacciones muy grandes. Denunciar ante el mundo una de las etapas tristes de la historia de mi patria. Una etapa innecesaria a la cual nos arrastró el castrismo solo por mantenerse en el poder, sin pasar las vicisitudes que sufrió el pueblo en ese estúpido Período Especial que los cubanos resistieron y los tiranos siguieron en su vida cómoda y abundante. El pueblo estaba sumido en la enfermedad y la pobreza de todo tipo. Solo por un capricho.

YMS – Una etapa que, sin dudas, dejó marcas en los cubanos que la vivieron. ¿Se nutrió para el guión de *La Muerte del Gato* de personas y acontecimientos reales?

LV – *La Muerte del Gato* es el resultado de una historia real que viví en un solar de la calle Empedrado, entre Compostela y Aguacate, en La Habana Vieja. Es una síntesis de una etapa de mi vida donde estas anécdotas formaron parte de mi cotidianeidad. Primero fue uno de los cuentos de mi libro y, después, la misma anécdota enriquecida se convirtió en este cortometraje.

YMS – *La Casa Vacía* es otro de sus cortometrajes que resume una de las grandes tragedias de los cubanos: la inmigración, específicamente la crisis de los balseros. ¿Cómo llevó a cabo la labor de búsqueda del argumento?

LV – *La Casa Vacía* es un cortometraje inspirado en otro de mis cuentos. La versión cinematográfica fue actualizada para hacerle un homenaje a las Damas de Blanco, esas heroicas mujeres que marchan por una Cuba libre y democrática. Está inspirada en hechos reales que provocaron la creación de mi cuento. Es basada en personas reales y en un suceso que viví en La Habana, al inicio de la década de los 90. Ya está en edición una versión para Telenovela Cubana de otro de los cuentos de mi libro que rodé este año.

YMS – En el elenco de *La Muerte del Gato* uno de los personajes centrales lo desempeña el actor Jorge Perugorría, quien vive en Cuba y continúa con su carrera cinematográfica como actor y director hasta el momento sin respuestas desfavorables por parte del sistema imperante en la Isla.

¿Cree que la reacción pasiva hacia este cineasta por parte del castrismo es algo premeditado, será que cuando alguien escala a ciertos niveles de reconocimiento internacional se vuelve intocable, o tiene que ver con las declaraciones públicas del actor donde mantiene una actitud condescendiente cuando de hacer críticas al sistema castrista se trata?

LV – No sé si el castrismo regañó en privado a Jorge Perugorría, Pichy, por participar en el cortometraje *La Muerte del Gato*, pero no creo. El castrismo no quiere perder a los pocos artistas que lo representan en el mundo. Pero un actor interpreta personajes, así como existen personajes que representan a la dictadura, hay otros que detestan vivir de rodillas a ese sistema. Un actor interpreta personajes. Eso fue lo que pasó con Pichy: interpretó a un personaje que no está de acuerdo con el castrismo. Un actor, reitero, interpreta personajes. Cada persona es responsable de la actitud que asume ante una dictadura.

YMS – Hablemos del docudrama *Leyendas del Exilio*. ¿Cómo surge este proyecto? ¿Hasta qué punto se siente comprometido Lilo Vilaplana con la memoria histórica de Cuba y con la causa de la lucha anticastrista?

LV – En un fin de semana de descanso vengo a visitar a mi hijo en Miami y el empresario y patriota cubano Diego Suárez me invita a su casa para conocer a José Daniel Ferrer García, líder de la Unión Patriótica de Cuba, también conocida como UNPACU. Esa noche estaba en la reunión el abogado Marcell Felipe, hablamos de la patria y de la posibilidad de hacer un proyecto que, por esos días, estaba tratando de echar adelante: *El Remolcador 13 de Marzo*, una obra conmovedora que puede hacer que muchos en el mundo volteen definitivamente la mirada para Cuba y acusen a este régimen asesino. Con Marcell quedamos en que, a mi regreso definitivo de México, nos reuniríamos con Carlos Vasallo, uno de los dueños del canal America TeVe, y así fue. Hablamos de proyectos y surgió *Leyendas del Exilio*, y de este proyecto ya ha salido al aire la primera temporada, la segunda se estrenará en septiembre y la tercera ya empezamos a rodarla hace unos días. Cada temporada tiene 13 capítulos.

YMS – ¿Cuáles fueron los criterios para la selección de las figuras del exilio representadas en el docudrama y cómo ha sido el proceso de documentación de los casos para la elaboración del guión?

LV – Para armar cada temporada tratamos de contar con historias de las distintas organizaciones y eventos donde participaron cubanos que, por su lucha, se convirtieron en Leyendas del exilio. También queremos incorporar a artistas, empresarios, deportistas, políticos y personalidades que son figuras emblemáticas de nuestra patria. Poco a poco queremos abarcar la mayor cantidad de entrevistas posibles para que esta obra quede como un legado a las nuevas generaciones y se cuente la verdadera historia, porque el castrismo ha manipulado todo a su antojo y la verdad histórica ha sido acomodada, ocultada o transformada a su antojo.

YMS – Entre las Leyendas hay una persona muy controvertida, considerada por muchos como un héroe anticastrista y, por otros, dígase castristas y no castristas, como un terrorista; me refiero a Posada Carriles, recientemente fallecido. ¿Por qué lo considera como una leyenda y no como un terrorista?

LV – Viví en Cuba 31 años de mi vida y sé que el castrismo siempre intenta desprestigiar a quienes se le oponen: a los alzados en armas en El Escambray y otras zonas del país los nombraban bandidos; a los valientes jóvenes de la brigada 2506 que fueron a rescatar del comunismo a la patria, los llamaron mercenarios; a los cubanos que estaban en contra de su "Revolución" los llamaban gusanos. Con *Leyendas del Exilio* podemos escuchar la otra opinión. Posada Carriles luchó de la misma manera que lo hizo Castro desde el Movimiento terrorista 26 de Julio. Luis fue juzgado dos veces y fue encontrado inocente del crimen que los comunistas le atribuyen. Si llevaran a juicio a Raúl Castro, seguramente sería condenado a largos años por crímenes de lesa humanidad.

YMS – Siguiendo con *Leyendas del Exilio*, ¿cómo ha sido la selección del elenco y el impacto de las historias en los actores?

LV – Tengo un departamento de casting que se encarga de buscar a los actores que interpretarán a los protagonistas y a los distintos personajes de *Leyendas del Exilio*. Hacemos una búsqueda entre jóvenes actores y actores conocidos que hacen actuaciones especiales. En Miami hay mucho talento y pocas oportunidades. Espero que los empresarios un día apuesten al talento local, porque el cine y las series de televisión necesitan de su apoyo en esta ciudad para hacer grandes proyectos. En cuanto al docudrama que estamos realizando, los actores jóvenes, pero también muchos de los experimentados desconocían parte de la Historia de Cuba.

YMS – ¿Ha sido buena la aceptación en el público de Miami?

LV – Tanto, que a veces me paran en la calle para comentarme de los capítulos o sugerirme entrevistados, algunas historias. Ojalá otra plataforma lo adquiera o pronto entren de cualquier manera a la Isla para que el pueblo sepa que muchos hombres y mujeres lucharon para que la patria no sea hoy el basurero en que el castrismo la ha convertido, para que los cubanos podamos unirnos a sacar a estos impresentables del trono del país y poder hacer elecciones libres y votar por un presidente que durante cuatro años guíe a la nación, que triunfe el que mejor propuesta tenga para desarrollarla y encarrilar a nuestra Cuba por el camino de la democracia y la prosperidad.

YMS – Me decía antes que ya la segunda temporada de *Leyendas del Exilio* está por comenzar. ¿Será nuevamente una producción de América TV y Vilaplana Film? ¿Podrá verse fuera de Miami? ¿Se han pensado ya en alternativas para introducirla dentro de Cuba?

LV – Sí. La alternativa para que entre a Cuba es Televisión Martí, no sé si está entre los intereses de su programación. La otra manera sería El Paquete Semanal o el boca a boca. Ya algunas personas lo han grabado y enviado a la Isla, pero es necesario que esto se convierta en un fenómeno, para que los cubanos se interesen y conozcan estas historias, su Historia.

YMS – ¿Seguirá Lilo Vilaplana produciendo este tipo de docudramas y cortometrajes?

LV – En estos cuatro años en Miami no he podido aceptar varias propuestas de trabajo de Colombia, de México, porque quise hacer un alto en mi carrera como director de ficción para poder sacar adelante este gran proyecto por mi patria, donde contamos con actores cubanos, pero también de otras partes del mundo. Espero que estas empresas entiendan que lo hago por mi patria, que hace casi 60 años sufre una dictadura y se necesita acabar con esta situación en Cuba para siempre y que mi patria vuelva a ser un país normal. En cuanto a realizar docudramas, o cortometrajes, lo disfruto mucho y los seguiré haciendo en mi carrera mientras respire.

YMS – ¿Regresará a Cuba alguna vez?

LV – Claro que regresaría a una Cuba libre y democrática. Una Cuba donde lo importante sea la patria y la prosperidad de sus habitantes, donde con libertad se pueda elegir un presidente que trabaje para engrandecer a la nación y a nuestra gente.

Teo Babún

"Sigo sintiendo y padeciendo por Cuba"

Converso con Teo Babún, fundador de Evangelical Christian Humanitarian Outreach for Cuba (ECHO Cuba). Teo es un cristiano evangélico que se ha dedicado a ayudar a los necesitados, entre ellos, a muchos habitantes de su país natal, Cuba. El interés por Cuba tiene para Teo un doble significado: a la Isla caribeña la agobia hace más de sesenta años una dictadura comunista que la priva de las libertades y derechos más elementales, afectando la calidad de vida espiritual y material de todos sus habitantes, situación de la que no escapan los creyentes cristianos; y fue en esa Isla donde nació en el año 1948 y de la que tuvo que salir junto a su familia debido al triunfo de los comunistas en 1959.

Cuba, no obstante, al tiempo que Babún ha pasado fuera de ella, sigue siendo parte fundamental de su preocupación y de su interés de ayudar en un ambiente donde la pobreza es predominante. La labor filantrópica de Teo Babún no ha sido bien vista por el régimen cubano, que le ha dedicado editoriales en el periódico *Granma*: órgano del único Partido legal en la Isla. El periódico ha intentado desacreditarlo, a través de ataques sin fundamentos, usando en su contra un sinnúmero de improperios y de falsedades. Han dicho, por ejemplo, que Teo Babún actúa bajo la fachada de una Organización con fines humanitarios, pero que en realidad sirve a la CIA, con el objetivo de desestabilizar a la 'Revolución cubana'. También lo han catalogado de 'mercenario del Imperio', algo que no es exclusivo del caso de Babún, ya que los castristas denominan "mercenarios" a todos aquellos que de un modo u otro se les escapan de su dominio.

La transparencia en la labor de Teo Babún ha sido su principal respuesta a los comunistas cubanos y el arduo trabajo para llevar no solo la ayuda material tan necesitada, sino también el alimento espiritual que alivia y sana el alma.

♣

Yoaxis Marcheco – ¿Quiénes eran los Babún en Cuba?

Teo Babún – Mis abuelos paternos son palestinos que, como muchos inmigrantes del Medio Oriente, llegaron desde Belén para asentarse en Santiago de Cuba. Así comenzó la historia de los Babún en la Isla. Allí nacimos mi padre, mis hermanos y yo.

YMS – ¿Apoyaron al Movimiento 26 de Julio o a Fidel Castro antes de 1959?

TB – Sí. Mi padre tuvo una participación especial en el primer envío de un cargamento grande de armas y municiones para la Sierra Maestra. Ellos ya habían recibido pequeñas cantidades por otras vías, pero no de esa magnitud. Metieron las armas en bidones de Marfax. Utilizaron goletas, tractores y camiones de la compañía Babún. Burlaron a los guardias de Uvero, donde mi familia construyó la empresa maderera que trajo hasta una planta eléctrica a esa apartada comunidad. El primer contacto con mi padre, lo hicieron Arturo Duque de Estrada, hombre de confianza de Frank País, y René Ramos Latour, comandante del Ejército Rebelde.

YMS – No obstante haber ayudado al 26 de Julio tuvieron que salir de la Isla. ¿En qué fecha salieron y cuáles fueron las razones?

TB – Salimos de Cuba en 1960. Mi padre escapó a Miami antes de que se leyera el veredicto de su juicio. Todo un show del comunismo para confiscar las propiedades. Planta de cemento, empresas madereras y marítimas, granjas, negocios minerales…, un capital levantado con mucho trabajo. Como justificación usaron que mi padre y sus hermanos colaboraron con el gobierno de Batista. Ahora el mundo está viendo que son todos unos falsos, que han vivido la dulce vida ellos y sus descendientes, entre mansiones, yates, cuentas en el extranjero y completa explotación de los recursos naturales y humanos del país.

YMS – En un artículo en *El Heraldo Cubano*, una publicación castrista en formato *online* se expresó lo siguiente: "Fue miembro de la organización terrorista Coordinadora de Organizaciones Revolucionarias Unidas (CORU), responsable de numerosos actos de terrorismo contra Cuba y otros países latinoamericanos." No queda claro si se refieren a usted en particular o a su familia. ¿Hay algo cierto en lo antes citado, ya sea que se refiera a usted o a su familia?

TB – Pues ni lo uno ni lo otro. Mi padre nunca fue miembro de ninguna organización porque de toda la vida le gustó hacer las cosas solo o con sus hermanos. Y yo, yo tendría 11 o 12 años entonces.

YMS – El citado artículo lo llama Teófilo Babún, ¿es ese su nombre?

TB – Puede que eso sea lo único cierto, o no manipulado. Claro que me llamo Teófilo Babún, igual que mi padre.

YMS – También dice y cito: "En 1971 los Babún facilitaron la embarcación Acuario para el ataque terrorista al poblado costero de Boca de Samá, ejecutado por la organización contrarrevolucionaria Alpha 66, que dejó un saldo de dos muertos y secuelas imborrables en cuatro heridos graves, entre ellos una niña que perdió uno de sus pies".

TB – Lo siento. No sé nada de eso. En esa fecha yo era un estudiante universitario en Michigan Tech y estaba hasta recién casado. Vivía muy lejos de Miami o Cuba y permanecía concentrado en mis estudios de Ingeniería Eléctrica.

YMS – El mismo artículo afirma que: "En 1994 Teo Babún recibió instrucciones de la CIA y funda la organización contrarrevolucionaria con fachada religiosa ECHO Cuba (Evangelical Christian Humanitarian Outreach for Cuba), para la realización de actos subversivos contra el proceso revolucionario cubano, mediante envíos de propaganda impresa y actividades provocadoras públicas. ¿Es Teo Babún miembro de la CIA?

TB – Me parece incluso cómico la forma en que estos escritores acusan a cualquiera de recibir "instrucciones de la

CIA". Incluso para crear una organización de índole religioso, que un grupo de hermanos formamos para ayudar a la iglesia cubana, tan reprimida y castigada por eventos como las UMAP. A mí de lo único que pueden acusarme es de creer profundamente que Jesucristo es mi Salvador. En Él confío para que me guíe y enseñe a ayudar a mis hermanos en Cuba, porque ellos necesitan ayuda humanitaria. Lo que hacemos, lo hacemos con y por amor, no en contra de nadie.

YMS – ¿Por qué lo acusan de ser de la CIA?

TB – Me imagino que por lo mismo que acusan a los activistas pro Derechos Humanos y a los periodistas y artistas independientes. Porque para ellos, todos los que no les muestren simpatía o los que osen contradecirles, son miembros de la CIA, o asalariados del imperio. También me llaman mercenario, y yo cuando Girón tenía 12 años. De mi familia, los que sí formaron parte de la Brigada 2506 fueron un tío materno, mi hermano mayor, también por vía materna, y tres primos, hijos de mi tío Santiago Babún. Me imagino que pueden estar de mal humor con mi familia, pero la única razón por la que pueden estar molestos con mi persona es porque he tenido la oportunidad de proveer y servir a muchas personas que ellos no han podido alcanzar.

YMS – El medio oficial del Partido Comunista de Cuba, el *Granma*, por su parte publicó un artículo de la autoría de Yudy Castro Morales titulado "¿Quién es Teo Babún y qué persigue contra Cuba?". La autora da por sentado que usted es un mercenario al servicio de los intereses de Estados Unidos: Entremos en materia: ¿Quién es realmente Teo Babún y cómo se llama la organización que dirige y a qué se dedica?

TB – Ese artículo es un trofeo que muestro a mis amigos. Lo tengo hasta encuadrado en mi oficina. De tener la posibilidad, invitaría a esa muchacha que lo "escribe" a un café en el Versailles —no sería la primera ni la última que sale de Cuba— y le diría que Teo es un santiaguero que fuerzas mayores trajeron a Miami. Que aquí hice familia, empresa y ministerio. Y que, a pesar de que la gran parte de mi vida la he vivido en estas tierras, sigo sintiendo y padeciendo por Cuba.

YMS – ¿Qué es ECHO Cuba?

TB – ECHO Cuba es una organización basada en la fe que brinda ayuda a la iglesia cubana. El nombre que escogimos lo dice todo: organización Evangélica Cristiana para la Ayuda Humanitaria a Cuba. Y esta ayuda se traduce lo mismo en comida que en equipamiento para líderes o entrega de Biblias. También hemos enviado productos de higiene personal, ropas, zapatos, medicinas, sillas de ruedas y laptops. Por supuesto, estamos comprometidos con los que sufren por causa de la fe; así es que seremos sus aliados si de defender la libertad de religión o creencias en Cuba se trata.

YMS – Fundamentalmente, con quiénes trabaja ECHO Cuba y cuáles son sus objetivos principales dentro de la Isla.

TB – Trabajamos con todos los líderes religiosos que estén en disposición. Por cierto, a muchos de ellos los frena ese temor que las autoridades cubanas les han infundado, en este caso a través de la Oficina de Asuntos Religiosos del PCC o de los propios oficiales de los Órganos de la Seguridad del Estado.

YMS – El *Granma* cita varias cifras que recibe su proyecto para Cuba tanto de parte de la USAID, como de la NED. ¿Son correctas esas cifras?

TB – El dinero que entrega el gobierno a distintas ONGs de este país es de manejo público, no hay secretos, no hay centralización. Cualquier dinero que sale de las arcas del Estado empieza por una solicitud pública por la cual compiten distintas ONGs con programas transparentes y, vuelvo a repetir, públicos. Y esta ayuda siempre tiene un carácter humanitario, nunca político. La organización que presido trabaja tanto con fondos del gobierno –si nos lo otorgan– como con fondos privados. En cuanto a las cifras del *Granma*, ellos manejan unos números de un dinero que supuestamente entregó la NED y yo no tengo nada que ver con eso. Sabes que los voceros del régimen son especialistas hablando en porcientos, o en nombre de la mayoría de los cubanos, o manejando informes desde una perspectiva completamente manipulada. De no ser así, no habrían logrado burlar a tantos organismos internacionales durante tantos años.

YMS – ¿Hay algo incorrecto en recibir dinero de estas organizaciones para llevar a cabo los objetivos de su organización?

TB – Todas las ONGs funcionan de la misma manera. Claro que no hay nada incorrecto, ni escondido, ni manipulado. Las ONGs tienen sus líneas de trabajo, de alcance. Si aplican legalmente y se les otorga los fondos, y luego rinden las debidas cuentas, no hay ninguna violación en ello. Cualquiera puede ver lo que recibimos, y los voceros en Cuba hacen parecer que están revelando un gran secreto.

YMS – ¿Quién es Iroel Sánchez y por qué lo ataca a usted?

TB – Ese nombre también lo menciona el artículo. Yo no sé quién es esa persona. Hace unos meses unos amigos me contaron que uno de esos voceros del gobierno que lanzan bolas por las redes me estaba acusando, pero que no se trataba ni siquiera de un intelectual. Debe ser el mismo, no recuerdo bien.

YMS – Hablemos del tema de las libertades religiosas en Cuba: el mismo artículo del *Granma* cita lo que al respecto legisla la Constitución: "ARTÍCULO 15. El Estado reconoce, respeta y garantiza la libertad religiosa. El Estado cubano es laico. En la República de Cuba las instituciones religiosas y asociaciones fraternales están separadas del Estado y todas tienen los mismos derechos y deberes." ¿Qué ha constatado ECHO Cuba?, ¿el Estado cubano respeta la libertad religiosa?

TB – Anda un video por las redes que resume muy bien el tema de libertad religiosa en Cuba. Claro que, si las iglesias no pueden manifestarse públicamente, no tienen acceso a los medios de comunicación nacionales, no pueden tener sus propios colegios y un montón de violaciones más, en Cuba la libertad religiosa está tan racionada como los alimentos. Lo último que supimos es que un niño judío fue expulsado de su escuela por usar una kipá. Tampoco podemos olvidar el caso del matrimonio de pastores Rigal-Expósito, padres de familia que están en la cárcel por practicar el *homeschooling*, aunque les hayan fabricado otra causa con el propósito de justificar el escarmiento que intentan dar con ellos. Ese es el régimen diciendo: "no te atrevas, que a tus hijos los adoctrino yo". Existen artículos en la Constitución que condenan a los que el gobierno piensa que están actuando en contra de los valores de la Revolución. Imagínate semejante ausencia de protección a la libertad de conciencia. Porque eso es lo que han hecho, han removido cada vez más el lenguaje que protege la libertad de conciencia.

YMS – ¿ECHO Cuba monitorea la violación a las libertades religiosas de los cristianos dentro de Cuba?

TB – ECHO Cuba, como tal, no hace monitoreo de las violaciones a la libertad religiosa; de eso se encargan otros organismos internacionales como Christian Solidarity Worldwide (CSW), por ponerte solo un ejemplo. Ahora, a través de muchos amigos nos enteramos de lo que sucede en la isla. También el trabajo del Instituto Patmos ha sido de mucha ayuda para dar a conocer esos hechos lamentables que sufren los hermanos, sobre todo esos que forman parte de iglesias o grupos no registrados oficialmente, que el gobierno no ha querido reconocer.

YMS – ¿Sabe si aumentaron las violaciones en la recién finalizada década?

TB – Todo indica que sí. Y creo que se ha hecho aún mayor después de la muerte de Fidel Castro. Otro hecho que acrecentó la represión fue la oposición evangélica al referendo constitucional de febrero de 2019. El gobierno cubano le tiene terror a cualquier grupo organizado que actúe fuera de la égida del Estado. Una prueba más de ello es la actitud represiva de las autoridades cubanas ante la creación de una alianza de iglesias evangélicas. Divide y vencerás. Eso les ha dado grandes y macabros resultados.

YMS – Volvamos al *Granma*. ¿La opinión expresada en al artículo que ya mencionaba antes es la misma que tiene de usted la Oficina de Atención a los Asuntos Religiosos?

TB – ¿Crees que mi opinión coincidirá alguna vez con la del *Granma*? La oficina de atención a los asuntos religiosos debería llamarse oficina de represión a asuntos religiosos o policía religiosa. A fin de cuentas, ellos son marxistas ¿no? Su directora estudió en Rusia y se graduó de Marxismo Leninismo. Para ellos la religión es el opio de los pueblos.

YMS – ¿Qué le dice Teo Babún a los cristianos cubanos con respecto a lograr el respeto genuino a sus libertades?

TB – Comienzo por un refrán: no hay mal que dure cien años. Luego les recuerdo a mis hermanos que Dios nos hizo libres; nos dio la oportunidad de escoger, aunque eso significara que en muchas ocasiones optaríamos por lo peor. No hay hombre alguno que nos pueda quitar la libertad que Dios nos dio. Ahora, eso conlleva responsabilidades. A los judíos, que habían creído en él, Jesús les dijo que, si se mantenían fieles a sus enseñanzas, serían sus discípulos y conocerían la verdad que los haría libres. Para mí ese es el sentido de la verdadera libertad. Lo cual no significa dejar de señalar la injusticia, dar la espalda a los pobres, los perseguidos y los necesitados o hacernos la vista gorda cuando vapulean al prójimo.

Miriam Mata

Contar la historia con honestidad es una deuda con quienes la vivieron

Miriam Rodríguez Presmanes, más conocida por su apellido de casada como Miriam Mata, salió de Cuba muy joven hacia los Estados Unidos. El triunfo revolucionario del primero de enero de 1959 motivó esa salida definitiva. Como en el caso de muchos otros cubanos, la espera se ha prolongado más de lo racional. Cuba dejó de ser libre con la llegada al poder de Fidel Castro y sus seguidores de la Sierra Maestra y del Movimiento 26 de Julio, y para Miriam Mata es preferible vivir lejos de la patria, pero con libertad. En el exilio, Miriam conoció al ya fallecido Gustavo Mata Cruz, quien fue su esposo durante 38 años. Gustavo cargaba una historia familiar dolorosa cuando se conocieron. Los insurgentes antiBatista, devenidos luego en comunistas, le habían asesinado a alguien muy allegado. Con el dolor de su familia política, Miriam aprendió a valorar aún más la libertad y se tomó además el serio empeño de dar a conocer las razones del sufrimiento familiar y de contar con hechos verdaderos ese trozo de la historia cubana que los castristas tanto se han empeñado en distorsionar.

Aunque era muy joven en la década del 50, Miriam obliga a su memoria a recordar acontecimientos, rostros, imágenes de la época y rellena los vacíos con lecturas e investigaciones que ha hecho durante toda su vida. Aun cuando su esposo le rogaba que se alejara del tema de Cuba, por el lógico temor de que fueran a hacerle daño a ella también los comunistas, muchos de ellos infiltrados en los Estados Unidos, Miriam continuó vinculada con la causa de Cuba y con su incansable contar el testimonio de dolor de su familia. En su constante pensar en los sinsabores de la Isla, Miriam ha llegado al entendimiento de que: "La Historia de Cuba ha sido reescrita por Castro desde una posición de victimismo favorecedor, negando las virtudes de gobiernos anteriores, incluido el de Fulgencio Batista, como las obras públicas construidas, los planes de salud o la prosperidad ascendente de un país que cayó en declive total después del triunfo de los insurgentes. Castro nunca habló de cómo traicionó a todo un pueblo que, ingenuamente o por inmadurez política, lo ayudó a llegar al poder hasta ahora perpetuo. Ofreció una Revolución que parecía tener colores de cubanía, pero que eran solo un espejismo porque la Revolución es como un camaleón que adopta los tonos que le conviene, con el solo propósito de no soltar el poder adquirido en 1959".

Miriam Mata nos habla desde sus vivencias personales en este diálogo que generosamente me ha concedido, le he pedido que cada una de sus palabras salga, más que de los libros que ha leído sobre la Cuba convulsa del último período de Batista, del corazón y de los destellos de memoria que conserva. Por supuesto, también me ha platicado sobre el doloroso suceso que vivió la familia de su esposo y de otros aspectos de su vida no menos interesantes. Miriam, como muchos cubanos, no se cansa de contar al mundo sobre la verdadera naturaleza del castrismo y tampoco se cansa de esperar porque la libertad que echaron fuera de Cuba ese lamentable primero de enero, la libertad exiliada, pueda retornar a la Isla algún día.

Yoaxis Marcheco Suárez – Vayamos a la niñez de Miriam Mata. ¿Dónde y cuándo nació y quiénes fueron sus padres?

Miriam Mata – Nací en la clínica Dependientes, en la década de los 40, pero me inscribieron en Guanabacoa, mis padres vivían ahí. Mi padre era natural de Santa María del Rosario, se llamó Rolando Rodríguez Benet; mi madre, Virginia Presmanes Cuervo-Arango, nació en La Habana.

YMS – Recuerdos de esos primeros años de vida.

MM – Buenos recuerdos, tuve una niñez feliz. A pesar de que cuando tenía 7 meses enfermé y en la clínica pediátrica Marfan, ubicada en la capital, les dijeron a mis padres que no podían hacer nada por mí, entonces me llevaron para Guanabacoa y el médico Joaquín Jiménez Gallo me hizo una transfusión sacándome toda la sangre e inyectándome la sangre de mi padre.

YMS – Le debe la vida a su padre y a este médico.

MM – Definitivamente, siempre estaré en deuda con ambos.

YMS – Y la escuela, ¿cómo era la enseñanza en la Cuba de la niñez de Miriam?

MM – Mis primeros dos años en la primaria fueron en el colegio Nuestra Señora de Lourdes, en la Víbora. En 1951 nos mudamos de Santos Suárez a Guanabacoa, donde comencé el segundo grado en La Milagrosa, escuela dirigida por monjas Hijas de la Caridad. Más adelante hice el bachillerato en el Colegio Baldor del Vedado, aunque no obtuve título, ya que en 1961, a mediados de estudiar el quinto año y al romper las relaciones EEUU con Cuba, mis padres no me permitieron seguir estudiando. Las cosas en Cuba comenzaron a ir de mal en peor y la distancia hasta el colegio era larga, tenía que tomar dos guaguas y hacer transferencia en "Cuatro Caminos", cerca del Capitolio de La Habana. La enseñanza en Cuba, a mi entender, era buena, correcta y patriótica; había escuelas públicas y privadas, y en todas existía el respeto.

YMS – Siguiendo con el tema de la Cuba de su niñez, ¿había mucha pobreza, discriminación? ¿Conoció Miriam Mata a niños hambrientos y extremadamente pobres en esos años?

MM – No conocí la pobreza, sabía que existían pobres y tenía amigos que lo eran, pero no les faltó la comida, y éramos muy felices. No experimenté la discriminación; todos: los de color y los blancos, éramos iguales y compartíamos como hermanos.

YMS – Pero había playas y clubes para blancos y para negros, ¿recuerda eso Miriam?

MM – En Guanabacoa existía el Liceo, mayormente de blancos, los negros tenían algo parecido, pero en la Cuba que recuerdo no se limitaban las playas, ni las escuelas, ni la vecindad. Estudié el bachillerato en Baldor, una escuela privada de prestigio y tenía una compañera con mi mismo apellido, Rodríguez, que era negra.

YMS – ¿Qué sueños tenía ya de adolescente?

MM – Mi adolescencia estuvo nublada por los actos terroristas de los seguidores de Fidel Castro. Prácticamente fue ir y venir de la casa al colegio y viceversa, no pude disfrutar ni compartir con mis amigas del colegio porque no eran de Guanabacoa. Mi sueño era ser abogado, pues tenía un primo, Sergio Presmanes, que lo era, y yo lo admiraba mucho. Falleció en Cuba luego.

YMS – ¿Por qué no pudo celebrar su fiesta de quince?

MM – Después de practicar el vals por más de dos meses con la maestra de baile del Conservatorio, en los salones de los Manantiales La Cotorra, el mismo día que se celebraría la fiesta me llamaron por teléfono los miembros del Movimiento 26 de Julio y me amenazaron: tenía que suspender la fiesta, pues Cuba estaba de luto, y que me dirían, cuando triunfaran quienes eran. Eso sucedió en 1958, aun espero.

YMS – Hablemos un poco sobre los insurgentes contra Batista, el Movimiento 26 de Julio. ¿Se relacionó con ellos?

MM – No estaba relacionada con ellos, ni simpatizaba, pero sí conocía a una joven que murió poniendo una bomba en el teatro América, conversaba con ella a menudo. En 1956 yo estaba en primer año del bachillerato en Baldor, pero en las tardes asistía a una escuela pública para estudiar inglés y teníamos que esperar para entrar ahí, conversaba a diario con ella, me decía que se llamaba Mireya, pero era mentira, su nombre era otro. Tenía una prima, Estela Báez, que sí decía su nombre verdadero. Esta joven era la novia de Tony Briones que yo conocía también. Ambos vivían en Guanabacoa y eran de familias conocidas. Este muchacho, Tony, fue muy activo en el movimiento estudiantil que se oponía a Batista, según un artículo publicado en la revista *Bohemia*, el 6 de mayo de 2017, Briones ingresó en el Movimiento 26 de

Julio en 1955, por orientación de ellos viajó al exterior y recibió en México entrenamiento militar para incorporarse a la guerrilla de Castro, cosa que no pudo hacer porque fue detenido por los americanos. Cuando triunfaron los comunistas, formó parte de los Órganos de la Seguridad del Estado cubanos, y según el artículo de *Bohemia*, murió en Venezuela, en 1967, en una acción relacionada con apoyar a la guerrilla venezolana en aquel entonces.

YMS – ¿Solo eran jóvenes los involucrados en la insurgencia?

MM – En mi opinión, los jóvenes siempre se han involucrado en ese tipo de cosas, especialmente en las universidades, pero en el caso de Cuba no todos eran jóvenes idealistas. Muchos millonarios donaban dinero para sacar a Batista del poder. En esa época existió la extorsión a comerciantes, vendían bonos, en fin, una larga historia que no fue tal y como los comunistas la cuentan. Llegaron al poder mediante el terrorismo y la violencia, se aprovecharon de la falta de educación política del pueblo. Lo mismo sucedió cuando Machado.

YMS – ¿Su familia en particular tuvo confrontación con los insurgentes seguidores de Fidel Castro?

MM – No, mi familia directa no pertenecía a ninguno de los bandos en cuestión.

YMS – ¿Corrieron peligro sus vidas alguna vez?

MM –No, salvo la amenaza de la fiesta, mi familia sanguínea no fue víctima de ninguno de los bandos en aquel entonces.

YMS – Variando ligeramente el tema, muchos consideran que fue Fulgencio Batista quien llevó a la insurrección a los jóvenes rebeldes, al romper el orden constitucional con el golpe de Estado de 1952. ¿Qué opina sobre eso?

MM –Valoro la figura de Batista ahora por los libros que he leído y por las vivencias que recuerdo, que no son muchas, era demasiado joven. No obstante, no creo que fuera por eso por lo que aparecieron los rebeldes, sino por la falta de educación política de los cubanos. Es innegable que Batista fue un gobernante de facto, estuvo al frente en 1952 sin haber sido elegido, pero no fue su iniciativa, el ejército se lo impuso por la corrupción y asesinatos que ocurrían en aquel entonces. Celebró elecciones en 1954 y en 1958 ya no sería candidato.

YMS – Usted me ha dicho que, si tuviera que votar por Batista ahora, lo haría, que se declararía batistiana. ¿Por qué?

MM – He leído sus libros, recuerdo la época que viví cuando el golpe de Estado en 1952, yo tenía 9 años y vivía feliz. Batistiana me declaro. Pocos recuerdan que después que Batista terminó en 1944 no le fue permitido regresar a Cuba y tuvo que residir en Daytona. Salió electo aun fuera del país, el pueblo lo quería. Las administraciones, tanto de Grau como de Prío, estuvieron llenas de tiroteos, asesinatos y corrupción, de eso sí recuerdo bastante, ya que el esposo de una prima hermana de mi madre fue asesinado en 1951. Yo le conocía, pues en esa época aun vivíamos en Santos Suárez y él residía cerca de mi casa.

YMS – Pero, en 1952, el pueblo no decidió por él. ¿No considera que fue un golpista que usó el dominio que tenía sobre el ejército para usurpar la presidencia? ¿No lo cataloga como un dictador?

MM –Aunque yo tenía 9 años en 1952, he leído sobre este suceso. Es cierto que se rompió el orden constitucional, pero el ejército necesitaba el carisma de Batista. Había mucha corrupción que se empeoraría con las elecciones. Admiro al General Batista, he leído libros y artículos en periódicos viejos, sobre todo del tiempo que antecedió a la pérdida de la libertad en el país donde nací. Muchos lo consideran un dictador, pero obvian que celebró elecciones en 1954, y entonces fue elegido. Algunos dicen que con trampas, yo no lo creo: él gozaba de verdadera simpatía. La historia nos recuerda incluso que viviendo Batista en Daytona salió electo en Cuba como senador. El país prosperó mucho durante los años de su mandato, nada que ver con el desastre que es Cuba hoy bajo el poder de los Castro. No se le puede llamar dictador a Batista y si lo comparamos con Fidel Castro, en años en el poder, Castro lo supera con creces.

YMS – Pero, el primero de enero de 1959, el pueblo salió en masa a recibir a Fidel Castro y a los rebeldes barbudos.

MM –A veces las masas son impredecibles, no se puede creer mucho en ellas. Pueden ser como la marea que va para donde bata el viento. La mayoría de esos cubanos que salieron a festejar el triunfo de la Revolución un día eran de Batista y al otro ya eran de Castro.

YMS – Hablemos de su suegro. ¿Quién fue?

MM –Mi suegro fue el capitán de la Policía de la República de Cuba, Evelio Mata Rodríguez.

YMS – ¿De la policía batistiana?

MM –De la Policía de la República de Cuba. Ya desde los años treinta, el joven Evelio Mata Rodríguez había ingresado en este cuerpo. Sirvió como policía en varios gobiernos como el de Grau San Martín y Prío Socarrás, continuó su carrera de agente del orden aun después de Batista llegar al poder.

YMS – ¿Qué ocurrió con su suegro?

MM –Al llegar el primero de enero de 1959, día que los disfrazados de demócratas, el hermano del actual tirano comunista y sus hordas, toman el poder, el oficial Mata, con sus grados de Capitán, se dirige a su estación de policía ubicada en el Cerro, La Habana. Después de ver todo lo que estaba sucediendo, decide ir a hablar con un amigo de años, el embajador de México en Cuba, y le pide asilo, pero Gilberto Bosque, el embajador, le niega rotundamente hasta la posibilidad de quedarse como huésped en la sede diplomática. Entonces se dirige a los Escolapios de Guanabacoa y, en entrevista con el padre Modesto Galofre, deciden que lo mejor es presentarse a las fuerzas rebeldes que habían tomado el poder, pues él no tenía por qué esconderse ya que no había cometido ningún crimen.

YMS – ¿Por qué quería salir del país tan desesperadamente?

MM –La actitud del oficial Matas de procurar un refugio en La Habana, o irse del país, se debía a que ya los fusilamientos habían comenzado y conocía de casos de policías o miembros del ejército que, sin ningún motivo, habían sido llevados al paredón.

YMS – Entonces se presentó ante el Ejército Rebelde.

MM –Sí, y al presentarse Mata a los nuevos "libertadores de la Patria", fue tomado preso y presentado a juicio. En dicha vista, algunos miembros de la triunfante Revolución lo señalaron bajo la acusación de reprimir a miembros de los movimientos clandestinos en su jurisdicción y como jefe de esa delegación policial. La culpa recaía sobre él, por lo cual lo condenaron en un principio a diez años de prisión. En esa época del año 1958, tiempo en que basaban las acusaciones contra Mata, había noches que en La Habana explotaban decenas de bombas en actos terroristas perpetrados por los insurgentes del 26 de Julio que operaban en las calles. No obstante, aunque Evelio Mata ya estaba condenado a diez años de privación de libertad, su destino estaba sellado, pues cuando llegó la notificación de su condena al siniestro jefe de la Fortaleza de la Cabaña, el Che Guevara, ese chacal asesino expresó: "Los fusilamientos no pueden parar, nada de 10 años, llévenlo al paredón".

YMS – ¿Tenía su suegro hechos de sangre vinculados al gobierno de Batista?

MM –Todos los que lo conocieron hablaron siempre bien de él. Yo no lo conocí, aunque sí lo vi de lejos en las premiaciones de los Escolapios de Guanabacoa. Él fue un policía de carrera, sus promociones fueron por estudios, ni siquiera militó en política alguna bajo los tres presidentes que sirvió.

YMS – ¿En qué fecha fusilaron a su suegro?

MM –Lo asesinaron en las primeras horas del 8 de febrero de 1959, en la Fortaleza de la Cabaña, después de un segundo juicio muy amañado. Fueron dos juicios en solo una semana. En el primero, como ya te dije, lo condenaron a diez años y en el segundo, por órdenes del asesino Che Guevara, lo sentenciaron a muerte. Este criminal dijo que tenían que matarlo para dar escarmiento a los anticomunistas. Alguien que estuvo presente en el fusilamiento dijo que le habían tenido que dar tres tiros de gracia. El fusilamiento del capitán Evelio Mata Rodríguez fue uno más de los miles de asesinatos que ha sufrido el pueblo de Cuba bajo el régimen castrocomunista.

YMS – ¿Su suegro murió declarándose inocente?

MM –Se declaró inocente hasta el último suspiro. En una última carta a sus hijos, afirma su inocencia; carta que fue avalada por los que le conocieron. Y sus amigos me han narrado sobre su dedicación a la ley y al orden en la República que perdimos, además de las vivencias de su hijo, mi esposo Gustavo, ya fallecido.

YMS – Pasemos a otro asunto también relacionado con el tema de los fusilamientos llevados a cabo por los rebeldes en los primeros meses de Revolución. Usted afirma lo siguiente: "unos pedían paredón, otros pertenecieron a los tribunales revolucionarios, o fueron ejecutores en los pelotones, o simplemente pensaron más tarde que su Revolución había sido traicionada, y se opusieron al gobierno comunista, llegando al exilio como víctimas cuando fueron victimarios en la pérdida de la libertad de los cubanos, cuando utilizaron o apoyaron los mismos métodos de asesinatos y secuestros políticos prácticamente en toda la historia de la República". ¿Se refiere a alguien en específico en la declaración que le cito?

MM –Sí, hay muchos ya fallecidos; otros viven aún. Lo triste es que ni admiten que se equivocaron, ni hacen acto de contrición y siguen con el cuento de que por Batista llegó el comunismo a Cuba, ignorando, borrando o cambiando la historia.

YMS –¿Cree que no fue suficiente para estos exrevolucionarios haberse enfrentado luego a Fidel Castro a riesgo de sus vidas y muchos de ellos cumpliendo años de prisión?

MM –Cierto, muchos cumplieron años de cárcel bajo el comunismo. Bien, nombro el caso de Huber Matos, quien tuvo una trayectoria de fusilamientos que comenzó el 14 de enero de 1959 en Guanabaquilla, Camagüey. Ese día fusiló a los primeros 19 exmilitares batistianos, todos sin garantías de juicios justos, y el resto de más de 150 que fueron ejecutados cuando estaba a cargo de la provincia de Camagüey, de la cual estaba orgulloso de haber organizado como Fidel se lo había encargado, según él mismo expresó en su carta renuncia. No obstante, destaco su actuación al ser liberado, ya que no es menos cierto que denunció internacionalmente los crímenes de los comunistas en Cuba, pero nunca pidió disculpas a los familiares y al pueblo cubano por estos fusilamientos. Se ha tratado de borrar o de reescribir la Historia de los que participaron y apoyaron dichos asesinatos, como el terrorismo que practicaron bajo la bandera del 26 de Julio y que luego se viraron contra Castro. La Historia tiene que ser contada tal y como fue, no solo la parte de la verdad que le convenga mejor a un bando o al otro. Contar la Historia con honestidad es una deuda con los que no la vivieron y desconocen la verdadera Historia de Cuba.

YMS – ¿No cree que Fidel Castro engañó no solo al pueblo cubano, sino también a quienes lucharon con él contra Batista?

MM –Claro que sí, eso está demostrado, pero es necesario el acto de contrición por parte de quienes lucharon con Fidel, aunque se le hayan virado luego. Creo que, de alguna manera, la razón por la que los cubanos no hemos obtenido la libertad es por esos que participaron en los primeros meses de 1959 en las desfachateces de la Revolución y que, aunque arrepentidos luego, no pidieron perdón por sus actos anteriores; por eso tal vez el maleficio que no hemos podido superar después de seis décadas en la historia de Cuba.

YMS – Fidel Castro justificó estos fusilamientos dando la cifra de 20 mil muertos entre insurgentes y civiles asesinados, según él, por las fuerzas represivas de Batista. ¿Cree que este número es cierto?

MM –Eso fue un invento, hubo muertes de ambas partes y esa cifra es totalmente exagerada, ni siquiera han podido probar esa supuesta cantidad de muertos. Recordemos los combates con la guerrilla y los atentados terroristas, no eran opositores pacíficos precisamente, era una guerra y en una guerra la gente muere. Ellos hablan de los que fueron asesinados por la policía, otros que fueron golpeados o torturados, pero no dicen nada sobre los que estaban presos por poner bombas o hacer atentados en espacios públicos, a los cuales se les tiró la toalla, como decimos, y miles pasaron al exilio. Me opongo totalmente a las golpizas, o a la desaparición forzada después de estar preso un delincuente o un terrorista, hay que juzgarlos, en mi opinión. Si esas cosas sucedieron bajo Batista fue erróneo, pero si es un enfrentamiento con la policía y hay muertos, eso no es un asesinato.

Mi suegro, por ejemplo, fue un agente del orden, su deber era precisamente mantener la tranquilidad y la paz en las calles habaneras, cuidar de la integridad ciudadana, velar por la seguridad en los barrios. ¿No es ese el trabajo de un policía? Hoy en día escuchamos el caso de José Antonio Echevarría, que le disparó a un carro patrulla al costado de la Universidad de La Habana. Obviamente fue aniquilado en este acto y luego dicen que fue asesinato del gobierno de Batista.

YMS – Retomando el caso de su suegro. ¿Qué sucedió con su familia después de la muerte de él?

MM – Llegaron al exilio; primero, el hermano de mi esposo en 1961, mi esposo en 1964 y mi suegra en 1966.

YMS – ¿Cuándo sale usted de Cuba para el exilio?

MM –Salí en 1961, y no he regresado porque la razón de mi salida perdura.

YMS – ¿Qué significa el exilio para Miriam Mata?

MM – El exilio para mí fue el recuperar mi libertad, con la que nací, otorgada por Dios y que el actual mal gobierno de Cuba la usurpó.

YMS – Pasemos a conversar sobre una causa que usted ha seguido con mucha seriedad y es su activismo en contra de la figura del Che Guevara.

MM –He leído mucho sobre el asesino Che. Creé una página web en su contra en 1997, de ahí que hice amistad con muchos oficiales argentinos en desgracia que combatieron el terrorismo en la Argentina. Eso fue cuando comenzó el furor sobre él en 1997 por Internet, hice amistad con muchos de estos exoficiales que combatieron el comunismo que venía de Cuba. Tenía y tengo contacto con ellos, les ayudé en su oportunidad antes de que cayeran presos. Uno murió estando en la cárcel, por no recibir la suficiente ayuda médica. Debo aclarar que todos estos exoficiales de las Fuerzas Armadas de la Argentina sufren cárcel después de juicios que no se ajustaron a las propias leyes del país.

YMS – ¿Se podría decir que su activismo en contra de la figura del Che Guevara tiene una connotación personal porque fue él quien ordenó el fusilamiento de su suegro?

MM —Por supuesto, en mi caso es totalmente personal. Él fue quien ordenó el fusilamiento de mi suegro, un hombre inocente al que nada pudieron probarle.

YMS – En su opinión, ¿qué más se podría hacer para contrarrestar el mensaje que emite el régimen castrista sobre la figura del Che Guevara?

MM —Hoy en día ya existen películas y libros con la verdadera historia del Che. Cuando comencé no, pero ahora sí, quien lo admire y lo honre con cátedras universitarias, estatuas, calles o pueblos con su nombre, o son idiotas, o comparten sus ideas de matar y son tan asesinos como lo fue él. Agrego que, en mis investigaciones, he sabido que el Che no dijo eso de: "Soy el Che, valgo más vivo que muerto". Después de su muerte, un amigo suyo, argentino, de apellido Rojo, fue quien lo inventó; luego todos lo tomaron como un hecho. Reescribir la historia es un defecto que tenemos los humanos. Pero igual hay que seguir buscando y hablando la verdad, sin desmayar.

YMS – Ha pasado la mayor parte de su vida fuera de la tierra que la vio nacer, pero sé que está muy conectada con todo lo que acontece en la Isla. ¿Qué cree del pueblo de Cuba?

MM —El pueblo de Cuba no tiene los medios, ni ahora, ni los tuvo antes. En las primeras décadas de la Revolución, los cubanos no combatían contra un simple gobierno, sino contra la Unión Soviética. También todo el terror que se impuso desde el primero de enero del 59, todos los fusilamientos públicos, las amenazas, condenas larguísimas de cárcel, en fin. Llevamos seis décadas bajo ese sistema, y notamos el daño antropológico que ha ocasionado al pueblo; lo vemos en la forma de hablar de los cubanos, en la pérdida de valores. En el mismo exilio, el patriotismo ya es cosa del pasado, ahora solo viven para la constante visita a Cuba de vacaciones, sin importarles que no sea el pueblo libre. Por dos décadas no podían visitar a Cuba, la comunicación casi no existía, ahora todo cambió. El pueblo cubano adolece de dignidad, muchos dicen estar en un exilio, les dijeron a los americanos que huían del comunismo y, sin embargo, regresan a Cuba como si la historia de horror, cárcel y muerte no existiera.

Todo es parte de la razón por la que los cubanos no son libres aun. Se sigue cooperando con el régimen, unas veces consciente y otras inconscientemente.

YMS – Y de la oposición cubana, ¿que opina?

MM – Te puedo decir que, si pudiera escoger en elecciones libres, el Doctor Oscar Elías Biscet es mi favorito, sus escritos, aunque esporádicos por Twitter, me emocionan, y no tiene la facilidad de otros de estar constantemente viajando de aquí para allá. Muchos de ellos son muy nombrados en la prensa internacional, claro, tienen dinero. De dónde lo obtienen, no lo sé, pero los socialistas y los que miran la ayuda de organizaciones gubernamentales, pululan en el caso de Cuba. No me simpatizan en lo más mínimo, creo que algunos de esos llamados opositores son utilizados por el mal gobierno de Cuba.

YMS – Finalmente, ¿dejaría Miriam Mata alguna vez de abogar a favor de las causas que considera justas?

MM –Nunca dejaré de abogar por las causas que considero justas, y menos por la causa de la libertad de Cuba, ya que para mí el suelo donde nací merece ser libre. Solo que como conservadora voy a las causas y no a las consecuencias, o sea el comunismo, el liberalismo o el globalismo. El comunismo hizo que perdiera la patria, el liberalismo y el globalismo amenazan con que el mundo entero pierda la libertad, seguiré exponiendo día a día mis ideas.

JOSÉ DANIEL FERRER

Cincuenta años de vida y tres décadas enfrentando al castrocomunismo

Converso con José Daniel Ferrer García, el líder de la Unión Patriótica de Cuba (UNPACU), una de las organizaciones opositoras más activas dentro de la Isla caribeña. Ferrer, como le dicen casi todos los que lo conocen, lleva sobre sus hombros años de vicisitudes, de encierros carcelarios, torturas, pero sobre todo lleva en su frente la honra de luchar por la que considera una causa muy justa: la democracia de su país que ha estado condenado al totalitarismo desde el año 1959, cuando el castrismo se apoderó del poder y de la libertad del pueblo cubano. José Daniel nació en Manganeso, un pueblito ubicado en el municipio San Luis, de la oriental provincia Santiago de Cuba, un 29 de julio de 1970. Allí creció y actualmente vive en la ciudad de Santiago. Es un hombre incansable, temido por el régimen, reconocido y respetado por aquellos que, de forma genuina, luchan como él. Un hombre, al fin y al cabo, con muchos defectos, como él mismo reconoce, pero con la mayor virtud de vivir con y para un ideal de justicia.

Yoaxis Marcheco Suárez – Si te pidieran que hicieras un cuadro descriptivo de tu persona, ¿qué no faltaría?

José Daniel Ferrer – Te diría que son casi cincuenta años de vida y más de treinta enfrentando a la tiranía, luchando por una Cuba libre, democrática, justa y próspera. Te diría que me gusta el activismo político y social, me gusta el cine, la literatura, la Historia, la geografía, la filosofía, la Historia de las Religiones. Que creo en Dios y creo que es muy importante vivir según la regla de oro del cristianismo: hacer por los demás lo que deseamos que los demás hagan por nosotros. También te diría que tengo muchos defectos y que lucho constantemente contra ellos. Admiro a las personas virtuosas y me gusta aprender de ellas. Te diría, resumiendo, que soy un guajiro sincero del Cauto y el Guaninicún, mis ríos, que prefiero a las playas de Cancún

YMS – ¿Cuándo descubriste que tenías dotes de liderazgo?

JDF – Mira, la vida misma me ha venido obligando desde la adolescencia a asumir posturas y compromisos que en buena medida implican liderazgo. Sin saber cómo, de niño tenía siempre en mi entorno a otros niños que seguían mis propuestas de juegos, incluso hacíamos travesuras, como meternos en la finca de un vecino que nos regalaba las frutas si se las pedíamos, pero nosotros queríamos obtenerlas al estilo de los personajes de las aventuras, de las películas o de los animados que veíamos, y yo era el líder de aquel grupo de muchachos aventureros. Luego, ya en el Servicio Militar Obligatorio, asumí también una postura de liderazgo. Mis humildes habilidades para aprender las materias que se impartían, porque por suerte siempre tuve muy buena memoria, me llevaron a ser un líder entre aquellos jóvenes reclutas. Luego llegó la hambruna, más conocida como Período Especial, y me vi obligado nuevamente a adoptar posturas de liderazgo, de guía y de conductor de otras personas.

YMS – ¿Y dentro de la Oposición?

JDF – Bueno, tampoco busqué unirme a la oposición con intención expresa de dirigir o liderar a nadie. Empecé como un simple activista del Movimiento Cubano de Jóvenes por la Democracia, pero me di cuenta de que se podían emprender muchas acciones que no se estaban haciendo, y empecé a trabajar para que el grupo creciera en mi zona. Al ver que mis esfuerzos no daban mejores resultados porque no existía una estructura bien consolidada, decidí irme para el Movimiento Cristiano Liberación (MCL) donde estuve desde el año 1999 hasta el 2003 en que fui encarcelado. En el MCL empecé como un simple activista y, a los pocos meses, me dieron la responsabilidad de atender el Movimiento en mi municipio, luego en la provincia y, finalmente, pasé a ser el responsable del trabajo del MCL y de la Campaña del Proyecto Varela en las cinco provincias orientales. La vida me ha ido llevando y yo he asumido el trabajo de líder con mucho compromiso, dedicándole mis mejores y mayores esfuerzos.

YMS – ¿Cuándo surgió la UNPACU?

JDF – La Unión Patriótica de Cuba, la UNPACU, nació el 24 de agosto del 2011. Salí de prisión el día 23 de marzo de ese año, o sea, nace cinco meses después de que Félix Navarro y yo saliéramos de prisión. Fuimos los últimos del Grupo de los 75 en ser excarcelados.

YMS – Digamos que empezaste a cocinar la idea de una nueva organización desde la cárcel.

JDF – Empecé a manejar la tesis desde la prisión. Esa tesis era –y es–, que la lucha debe ser amplia, abarcadora, integral y que, además de todo lo que te he dicho antes, también teníamos que contar con programas de capacitación y entrenamiento en lucha no violenta para los activistas, programas para informar a la población y también para desarrollar labores humanitarias como asistencia a ancianos, actividades culturales y deportivas con los jóvenes y otras. Habíamos incluso pensado crear programas en el campo médico para dar asistencia con medicinas.

YMS – ¿Por qué llamaron a la organización Unión Patriótica de Cuba?

JDF – Después de largas consultas con activistas de dentro y de fuera de Cuba, llegamos a la conclusión, y la idea surgió de Luis Enrique Ferrer García, de nombrar a la organización como Unión Patriótica de Cuba. Luego buscamos las siglas que íbamos a usar. ¿Qué es UNPACU? Un Patriota Cubano o Patriotas Cubanos que luchan por la libertad. Así nació.

YMS – ¿Qué significa la Unión Patriótica para la lucha anticastrista?

JDF: La UNPACU, para la lucha anticastrista y a favor de la libertad y la democracia significa, precisamente lo que su nombre reza: unidad, patriotismo, por Cuba.

YMS – Haciendo un poco de retrospectiva: eres uno de los 75 activistas que cumplió condena tras ser sentenciado en el 2003 durante la conocida como Primavera Negra de Cuba. ¿Cuál fue tu sentencia?

JDF – La tiranía me condenó a veinticinco años de privación de libertad, primeramente. La Fiscalía me pedía Pena de Muerte y los verdugos del Centro de detención y torturas, como yo llamo a la Unidad de Operaciones e Instrucción Policial de Santiago, me decían todo el tiempo que, si no me iba de Cuba, me iban a fusilar. Luego llegó el juicio y la sanción, por supuestos delitos de atentar contra la independencia, la soberanía y la economía de la nación; delitos fabricados por la policía política de Fidel Castro contra todos los que fuimos condenados cuando la Primavera Negra en el 2003.

YMS – Mientras estuviste preso, ¿tenías esperanza de que saldrías vivo de la cárcel?

JDF – En verdad, mis esperanzas de salir vivo de la cárcel eran bastante pocas. Sabía que la tiranía era capaz de todo con tal de librarse de un adversario que le resultaba incómodo y problemático. Llegué a la prisión de Pinar del Río y mis sospechas de que pasaríamos por situaciones muy difíciles se confirmaron. Fueron días, semanas, meses, años muy duros, lo mismo en Camagüey, en Guantánamo, en Las Tunas y, finalmente, en la prisión de Aguadores.

YMS – Tu hermano Luis Enrique Ferrer fue condenado también. ¿Qué sentimientos te invadieron al saber que tu hermano iría como tú tras las rejas?

JDF – De hecho, a él le impusieron la más alta condena con apenas 26 años. Para mí era muy duro que, con su juventud, después de sufrir tanta represión en el enfrentamiento contra la tiranía, terminara condenado a 28 años de privación de libertad, pero también me sentía muy orgulloso de saber que la tiranía valoraba como muy peligroso el trabajo, la rebeldía y el coraje de Luis Enrique.

YMS – ¿Recibías noticias de Luis Enrique en la prisión?

JDF – Una de las cosas que la tiranía hace con los presos políticos, y en el caso mío y de mi hermano lo hicieron al extremo, es aislar a uno del otro para evitar que se intercambie información, criterios, opiniones. Luis Enrique y yo estuvimos siempre en prisiones diferentes. O sea, las comunicaciones entre nosotros eran inexistentes. Yo sabía de mi hermano cuando mi familia iba a visitarme; primero, las visitas eran cada cuatro meses; luego, cada tres.

YMS – ¿Cómo es tu relación con tu hermano?

JDF – Mi relación con Luis Enrique ha sido excelente. Siempre he admirado su valor y su firmeza, que son únicos. Es uno de los hombres más valientes que he conocido en las últimas décadas en Cuba, pero en cuanto a la visión de cómo llevar la lucha no siempre hemos estado de acuerdo. Precisamente en estos momentos atravesamos una de las etapas más críticas en ese tipo de relación.

YMS – ¿A quién le agradeces la liberación de los 75?

JDF– En primer lugar, estuvo la labor y la constancia de las Damas de Blanco: nuestras esposas, madres, hermanas, hijas, que desde los primeros días en que fuimos encarcelados se fueron estructurando casi sin planificación, solo por amor y por el deseo de defender al familiar encarcelado injustamente. Sin el valor de ellas, no habríamos logrado salir de la prisión. Estuvo también la labor de activistas de otros grupos, como los del Movimiento Cristiano Liberación y Oswaldo Payá, que fue incansable en la lucha por la liberación de los presos políticos. La Comisión de Derechos Humanos y Reconciliación Nacional y otros muchos, la lista es larga y sé que se me van a quedar muchísimos. Mucho tenemos que agradecerle al apoyo de gobiernos y organizaciones de Derechos Humanos, administraciones como la de los Estados Unidos, congresistas de origen cubano, parlamentarios europeos, gobiernos y embajadas de naciones miembros de la Unión Europea. Gracias a la solidaridad constante fue que sobrevivimos.

YMS – ¿Cuánto le debes en el desarrollo de tu liderazgo a Oswaldo Payá Sardiñas?

JDF – Oswaldo fue un gran cubano, un patriota, un hombre de fe, muy cristiano y amaba a Cuba profundamente. Fue un hombre muy inteligente, además, elocuente, así que de él aprendí muchísimo, te diría que al punto de que sin él no me sería posible llevar a cabo mi humilde labor hoy en día. Con Oswaldo aprendí no solo a llevar a cabo esa lucha no violenta, sino también a luchar usando los resquicios o herramientas del propio régimen, desde las "leyes" constituidas por ellos mismos. Así Oswaldo penetró a la Constitución y creó el Proyecto Varela que es un hito en la lucha por la democratización de Cuba.

YMS – ¿Por qué quedarte en la Isla a pesar de la persecución y la represión sobre tu persona?

JDF – Esta lucha hay que desarrollarla en muchos escenarios, dentro y fuera de Cuba, pero cada cual decide dónde desarrolla su pelea según sus experiencias, visión y características personales. Yo decidí que la mía sería siempre aquí adentro, aunque en ello me vaya la vida o tenga que ir a prisión una y otra vez; aunque me torturen o me golpeen, aunque asedien a mis hijos, a mi esposa, a mi familia; aunque nos asalten el hogar constantemente y nos roben los alimentos y las medicinas de nuestros hijos; aunque nos persigan de manera permanente. Es aquí adentro donde voy a estar, aunque tenga que pagar caro mi atrevimiento de querer ver una Cuba próspera, con independencia en los poderes del Estado, una Cuba amiga de los Estados Unidos, de Canadá, de la Unión Europea y de todo Occidente. Por ver esa Cuba cualquier sacrificio es poco.

YMS – Hace escasos meses volviste a estar en prisión, el régimen quería procesarte. ¿Cómo fue esta experiencia?

JDF – El pasado primero de octubre de 2019 el régimen allanó mi hogar, asaltaron mi vivienda con un gran repliegue policial. Así siempre actúan con la UNPACU y esto no es solo con el objetivo de detenernos, sino también de sembrar el pánico en nuestros barrios, donde el régimen sabe que tenemos muchísimo apoyo. Me acusaron de dos falsos delitos: de lesiones y de privar de libertad de manera arbitraria a una persona. El plan que tenían era tratar de rendirme, con el más inhumano trato, con torturas físicas y psicológicas, con amenazas de muerte o de que estaría por lo menos nueve años en prisión, y de que no iba a contar con apoyo alguno porque me estaban procesando por delitos de índole común. Pensaban que iban a quebrantar mi voluntad y que llegaría el momento en que yo aceptaría abandonar el país o dejar la lucha. Eso era lo que más me ofendía en realidad.

YMS – ¿Sientes miedo?

JDF – Como todo ser humano he sentido temor muchas veces en mi vida, por ejemplo, antes de sufrir todos los rigores de la prisión, temía caer en ella. Siempre me preguntaba si yo iba a ser capaz de mantenerme firme y de continuar mi lucha si me encarcelaban y me imponían el rigor y las torturas que el régimen impone a los presos políticos. Llegué con esos temores, pero había un temor mayor que es lo que siempre me ha sostenido: el miedo a fallar al cumplimiento de mi deber como ser humano y como hombre que cree en Dios. Mi gran temor es que un día el régimen pueda sentir la satisfacción de haberme quebrantado, de haberme rendido. Ese gran temor es el que me ha sostenido y me ha ayudado a vencer todos los otros temores: la prisión, el miedo a la muerte, a las torturas, al hambre, al acoso.

YMS – Respecto a tu entorno familiar, ¿qué dicen tus hijos respecto a tu papel en la oposición al régimen cubano?

JDF – Mis hijos son la parte que más me duele. No hay nada que duela más que ver a tus hijos, incluso recién nacidos, siendo víctimas de la represión. El régimen atenta contra la tranquilidad de mi familia porque creen que así nos van a doblegar. He tenido la suerte de que mis hijos han sido muy valientes, siempre me han apoyado, y a medida que van adquiriendo uso de razón su apoyo es mucho más comprometido. Mi hija Martha Beatriz, la mayor, recibió golpes en un pómulo a los dos años de edad cuando fue víctima de un acto de repudio violento frente al Tribunal del municipio Mella, aquí en Santiago de Cuba. Después de eso, mi hija recibió actos de repudio y violencia en muchas otras ocasiones. Lo mismo ha pasado con mis otros hijos: los seis han sido víctimas hasta de la violencia policial, han sufrido detenciones, pero también hay otras cosas más sencillas como que mis hijos no pueden ver ni televisión porque el régimen nos ha robado los televisores como venganza a nuestro activismo informativo en las comunidades.

YMS – Háblame de tu mamá, cómo asume ella la realidad de tener un hijo que vive en constante peligro de ser apresado, torturado y eventualmente, asesinado.

JDF – Siempre que he estado en prisión he tenido a mi madre muy presente. Nadie sufre como una madre la prisión de un hijo, nadie siente más dolor y temores sobre la posibilidad de que puedan incluso matarnos en la cárcel. Mi madre ha sufrido mucho las torturas que hemos padecido en prisión Luis Enrique y yo. Sufrió incluso amenazas constantes de que mi hermana Ana Belkis iba a ser encarcelada también cuando la Primavera Negra de Cuba. Mi madre, que ya es una anciana, sufrió más que nunca los rigores del último encarcelamiento de seis meses que el régimen me impuso desde octubre hasta abril, pero ella estuvo firme, fue a varias manifestaciones y protestas en muchos sitios exigiendo mi liberación. Ahora, por su avanzada edad, sus múltiples padecimientos y esto del Covid-19, sentí temor de que no la volviese a ver nunca más con vida, pero siempre he tenido la satisfacción de saber que, si no la vuelvo a ver con vida, es porque yo he estado haciendo algo justo y necesario y que mi madre siempre se ha comportado dignamente, de una forma admirable. Mi madre es una gran persona, muy querida por sus hijos y por todos sus nietos. Por supuesto, mi deseo es poder reunir un día a toda la familia acá en Cuba. Siempre tengo a mi madre muy presente, tanto fuera como dentro de la prisión.

YMS – Sobre el contexto cubano actual, según tu óptica, ¿cómo podríamos catalogar la represión durante estos tiempos de Covid-19?

JDF – La represión ha sido una cuestión constante, el régimen castrista para mantenerse en el poder, necesita reprimir y sembrar el terror y el pánico en la población. Ahora bien, en estos tiempos de pandemia, el régimen se ha aprovechado precisamente de las normas aconsejables para evitar los contagios por el nuevo Coronavirus y ha venido reprimiendo de una forma más cruda y fuerte. Sigue encarcelando y aislando a los activistas miembros de la Sociedad Civil Independiente, continúan los procesos judiciales amañados contra periodistas independientes y opositores pacíficos, contra ciudadanos incluso que no militan en ninguna organización crítica al régimen, ciudadanos que por el solo hecho de sacar un móvil y filmar y publicar lo que acontece, terminan multados o encarcelados porque el régimen no quiere que nadie vea fuera de nuestras fronteras cuál es la realidad que vivimos en la Isla.

YMS – ¿Qué me puedes decir de los presos políticos de la UNPACU? ¿Cuáles son los casos más urgentes debido al estado de salud?

JDF – En estos momentos tenemos cuarenta activistas en prisión, siete de ellos esperan juicios por cargos fabricados y tenemos otros cinco, incluyéndome a mí, que tengo que cumplir cuatro años y medio, que estamos bajo prisión domiciliaria. Todos nuestros presos atraviesan por situaciones muy difíciles y complejas, pero en estos momentos los casos más delicados son Aymara Nieto Muñoz, tres veces prisionera política y ahora en una prisión en Las Tunas. Ella es de Calabazar, en Boyeros, La Habana, fue golpeada recientemente. También tenemos a Maikel Herrera Bones, que padece de VIH y su estado de salud se ha complicado: lo tienen en una prisión en el municipio Güines, provincia de Mayabeque. Está el caso de Noslen Ayala García, que es de Güines, que ya lleva casi cinco años en prisión y aún le faltan cerca de ocho por cumplir de presidio injusto; su salud también es preocupante ya que padece de varias enfermedades gastrointestinales y de hipertensión. Otros casos son el de Melkys Faure Echavarría, también de la capital y que se encuentra en prisión ya hace tiempo. Todos nuestros presos políticos han recibido torturas físicas y psicológicas. Hay otros que corren el riesgo de ingresar a prisión próximamente y esto va a seguir porque, en la medida que se agrava la crisis en nuestra nación y el descontento popular aumenta, va a crecer el activismo y, por supuesto, la represión.

YMS – ¿Por qué la UNPACU ha decidido trabajar conjuntamente con la Plataforma Cuba Decide?

JDF – Porque es una necesidad imperiosa que todos los cubanos que queremos ver a Cuba libre y democrática trabajemos en conjunto. La tiranía, aunque cada vez más débil, sigue teniendo un aparato represivo muy peligroso, de grandes dimensiones y con tentáculos que afectan a la mayor parte de la población, por eso necesitamos aunar fuerzas y compartir estrategias. La propuesta de Cuba Decide es muy inteligente, muy coherente y muy válida, busca consultar al pueblo para que sea el pueblo quien decida y a la vez busca movilizarlo para que conquiste sus derechos y libertades conculcados.

YMS – ¿Qué necesita la causa de la libertad de Cuba para ser más efectiva y contundente en sus acciones?

JDF – En la lucha por la libertad de Cuba hemos venido avanzando gradualmente. Hemos mejorado en muchos aspectos. A pesar de la fuerte represión de la tiranía lo hacemos cada vez mejor, pero debemos continuar esforzándonos para superarnos cada vez más. En la medida en que la unidad se traduzca en acciones sistemáticas en toda la Isla, en la medida que logremos informar más a la población, de motivarlos, de servirles, entonces nos fortaleceremos más y nos acercaremos a la ansiada libertad.

YMS – La Fundación Memorial de las Víctimas del Comunismo (VOC, sus siglas en inglés), ha decidido este año otorgarte un importante reconocimiento: la Medalla de la Libertad Truman-Reagan, ¿qué significa para ti?

JDF – Me siento muy honrado. Desde temprana edad considero al comunismo como uno de los peores males que ha sufrido la humanidad. En nuestra época moderna, ningún mal, ningún sistema, ha ocasionado más muertos y sufrimiento que el comunismo y mi vida durante años ha sido luchar contra eso. Así que me honra este reconocimiento, viniendo de tan prestigiosa organización.

YMS – ¿A quién o quiénes se lo dedicas?

JDF – Se lo dedico a los presos políticos y a los activistas que a lo largo de los años se han mantenido firmes, íntegros, que nunca se han rendido, que no se han doblegado, que no han permitido que el régimen los quiebre. Para nuestras presas y presos políticos y para los incansables luchadores por la libertad y la democracia es esta Medalla.

YMS – ¿Qué le dirías a la oposición dentro de Cuba y al Exilio que lucha por la libertad?

JDF – Para los cubanos que luchamos acá, en el territorio nacional, y para los que lo hacen en el exilio, mi mensaje es uno solo: con afecto les digo que estamos en la recta final, que estamos atravesando momentos muy difíciles y complejos, pero sin dudas momentos en los que se define el futuro de nuestra patria, de nuestros hijos, de nuestros nietos. Si hacemos lo que nos corresponde en este momento duro y complejo, si aunamos esfuerzos, si echamos a un lado las cosas que nos dividen y que nos restan efectividad, vamos a lograr bien pronto la Cuba democrática que todos deseamos y nos merecemos. El régimen está débil, está marcado por su ineficiente gestión económica durante más de seis décadas y por su corrupción, por su naturaleza abusiva contra el pueblo, muy pocos cubanos creen en el régimen, pero la inmensa mayoría sabe que Cuba necesita cambios. Tenemos que aumentar nuestra interdependencia para conseguir la libertad y derrotar a los tiranos. Unámonos tanto como podamos, no tenemos que compartir todo tipo de criterios, pero sí todos tenemos como objetivo común democratizar a Cuba y eso es lo que debe unirnos.

JUAN ANTONIO MADRAZO LUNA

"La historia de los negros en Cuba no solo se puede contar desde el dolor"

Converso con el activista cívico habanero Juan Antonio Madrazo Luna, quien también es líder del Comité Ciudadano por la Integración Racial (CIR), sobre un tema que de seguro generará debate y controversia: el racismo en Cuba. Madrazo Luna nos habla desde su experiencia de vida, pero también desde los conocimientos que ha adquirido a través de sus estudios sobre la realidad cubana y en específico sobre la realidad de los negros cubanos.

Yoaxis Marcheco Suárez: ¿Es la cubana una sociedad altamente racista o dice la verdad el castrismo cuando afirma que la Revolución cubana acabó con la discriminación racial?

Juan A. Madrazo Luna – En Cuba, el racismo y la discriminación racial son emociones que están muy bien acomodadas en la sociedad. Desde los tiempos fundacionales de la Cuba de los patricios hasta nuestros días, el racismo ha sido y es parte de nuestro linaje cultural. Racismo, discriminación racial y prejuicio son elementos que forman parte de nuestra mala cultura sentimental y eso no nos diferencia de otras partes de América Latina en las cuales he estado, como Colombia, Brasil o Argentina, para citar solo unos ejemplos. Hay una cita del desaparecido periodista y escritor Tato Quiñones, que decía: "El racismo está íntimamente unido a la carne y la piel de la nacionalidad cubana", y es real.

YMS – ¿Cómo se evidencia ese racismo del que habla en el día a día del cubano?

ML – En Cuba hay toda una narrativa lingüística del racismo muy viva y siempre tomo como punto de partida un monumento de la cultura literaria cubana como la obra *Cecilia Valdés o La Loma del Ángel,* de Cirilo Villaverde, donde ese racismo lingüístico del siglo XIX no se diferencia en nada del que hoy nos habita. Hace poco escuché accidentalmente en la calle a una joven blanca decirle a otra que "la necesidad hace parir hijos mulatos", esto es una frase racista de los tiempos de España. Aquí tienen muchísima demanda las novelas de autores cubanos como Pedro Juan Gutiérrez y Lorenzo Lunar, quienes, desde la estética del realismo sucio, rozan los márgenes de la sociedad cubana, en lo cual los personajes de sus obras son negros y mestizos anclados en situaciones límites y la obra de ambos está en el mercado de la oferta y la demanda, pues suda muchísimo racismo lingüístico y estético, que goza de mucha salud en la Isla y su diáspora y ese imaginario sobre los Afrodescendientes le encanta a una parte significativa de los cubanos.

YMS – ¿Cómo ha abordado el sistema que impera en Cuba el tema del racismo?

ML – El racismo nuestro está contaminado por muchísimas interrogantes que no han tenido respuestas morales desde ninguno de nuestros nacionalismos, ha habido muchos pactos de silencio desde la Subalternidad. Ahora, en este escenario en que nos encontramos en el centro de un Decenio Internacional de los Afrodescendientes, no siento la voluntad política por parte del Estado en cuanto a asumir en la esfera pública un debate abierto y desprejuiciado.

YMS – ¿Considera que el racismo en Cuba está tan arraigado en la gente?

ML – El colonialismo cultural nos acompaña desde nuestra etapa fundacional como país hasta nuestros días. Cuba es una sociedad que no se ha descolonizado. Cuba hoy vive un neoracismo, donde el racismo particularmente es antinegro. La gente no disimula ser racista, machista u homofóbica; las vísceras del racismo cubano, que es antinegro, es visible. Ya te digo, hay toda una historia oral del racismo lingüístico, en lo cual conscientemente discriminamos negros, blancos y mulatos, hay todo un gusto por la discriminación en nuestra cultura. Muchas veces te vas a encontrar en el discurso de los mulatos un racismo antinegro más cruel que el que se pudiera interpretar de una persona blanca.

YMS – Antes hizo referencia a la diáspora: ¿Puede decirme por qué cree que el exilio cubano es racista?

ML – Más que referirme al exilio, me enfoco en nuestros enclaves diaspóricos, estén ubicados en Miami, Madrid, Luanda o Caracas. Nuestra diáspora es parte de Cuba, lo cual es difícil mantenerla aislada de esta realidad, pues forma parte de nuestro imaginario cultural como nación y nuestro imaginario como nación hacia la Otredad es racista, y esto se debe a que no hay entre nosotros una pedagogía antirracista, son marcas coloniales que nos acompañan.

YMS – ¿No le parece que de alguna manera era normal la preocupación del exilio, a partir de lo que pasó con el éxodo del Mariel? El régimen aprovechó la cobertura y envió a muchos presidiarios y antisociales hacia los Estados Unidos.

ML – Es real que el régimen cubano, con la idea de alterar el orden de la sociedad estadounidense y en un plan de higienizar la sociedad cubana de entonces, sacó de prisión a muchas personas considerados delincuentes, antisociales con alto índice de criminalidad, y es claro que esto debió asustar muchísimo al exilio, pero también en ese corredor migratorio, tanto en 1980 como en la crisis de 1994, salieron muchos cubanos afrodescendientes con un alto nivel de formación profesional, que se vieron en la obligación de orientar su proyecto de vida hacia el Norte, pues en el Sur, principalmente Miami, les estaban cerradas las oportunidades y fueron cubanos quienes excluyeron. Hay muchas historias de vida sobre esto.

YMS – Analizando todo lo que me ha dicho, me surge una interrogante, ya que es harto sabido que la población cubana tiene altos porcentajes de mestizaje. Entonces, ¿ese racismo de los cubanos se basa solo en el color de la piel?

ML – La ideología del blanqueamiento ha tenido muchísima fuerza, aunque seamos un laboratorio de múltiples mestizajes. Desde los tiempos fundacionales, en los cuales tuvimos patricios como José Antonio Saco y Domingo del Monte, la ideología del blanqueamiento se estimuló. José Antonio Saco les decía a los ilustres criollos: "Blanquear, blanquear y luego hacernos respetar", aunque a esos criollos le gustaba calentar la cama con mujeres negras y mulatas. El blanqueamiento se convirtió en una divisa moral de la sociedad, para lo cual también se estimuló la migración desde cualquier región de España, e incluso desde países nórdicos, para lentamente desaparecer la identidad de lo negro, pero no se logró. Hay quienes compraron papeles de blancos en España o desaparecieron de la iglesia su fe de bautismo, que los delataba por su sangre de origen africano.

YMS – ¿Cómo asumen el racismo los afrodescendientes cubanos?

ML – En Cuba muchos afrodescendientes viven la vergüenza de ser negros; los mulatos viven el trauma de la blanquitud, tenemos también una imagen muy negativa y peyorativa sobre los latinoamericanos, caribeños, africanos o algunos asiáticos. No sucede con los europeos o los de América del Norte. Es nuestro narcisismo quien permite esas construcciones.

YMS – Me ha hablado del racismo a nivel social, ¿cómo puede medirse en el sector estatal?

ML – El racismo institucional es la otra cara de la luna. Algunas de las investigaciones desarrolladas desde las instituciones como la nuestra identifican el racismo y la discriminación en sociedades mercantiles cubanas. En el área de la industria del turismo hay ministerios en Cuba que parecen grupos corporativos de África del Sur en tiempos del Apartheid, como el Ministerio de Inversión Extranjera, el Ministerio de Comercio Exterior, la Oficina del Historiador de la Ciudad, así como empresas con capital mixto, donde la mayoría son blancos y rubios, a lo cual no escapa el sector privado. A lo interno de mucha de estas instituciones hay un pensamiento racializado que ejerce muchísima influencia en los niveles de dirección.

YMS – ¿Pasa lo mismo en los medios informativos?

ML – Mira, me voy a referir a la televisión específicamente: si hoy hay más presentadores y periodistas afrodescendientes ha sido por las demandas presentadas al Estado durante largos años, por la presión de organizaciones de la sociedad civil como El Club del Espendrú, Cofradía de la Negritud, Comité Ciudadanos por la Integración Racial y Color Cubano, hasta donde lo dejaron hacer su trabajo, pues a estas propuestas las mataron temprano.

YMS – O sea, según su apreciación sigue siendo insignificante la representación afrodescendiente en la televisión castrista.

ML – La Televisión cubana es totalmente hegemónica y conservadora, como la Iglesia Católica cubana frente a la representación de la diversidad. El racismo se hace visible desde el choteo y es amplificado por medios de prensa de órganos políticos como fue aquel artículo en el periódico *Tribuna de la Habana*, órgano del PCC provincial, contra el presidente Obama que se titulaba: "Negro, ¿tú eres sueco?".

YMS – Acaba de comparar a la televisión castrista con la Iglesia Católica Cubana diciendo que ambas son hegemónicas y conservadoras, ¿me puede explicar este punto?

ML – La Iglesia Católica Cubana es hegemónicamente conservadora como la Televisión Cubana, pues desde la doctrina de la Cubanidad, en sus publicaciones, entre ellas *Palabra Nueva*, no dibuja las Identidades. Se comporta como la propia narrativa revolucionaria, que ha estado y aun invisibiliza nuestras identidades.

YMS – ¿Se trata el tema del racismo en las escuelas cubanas?

ML – En el Ministerio de Educación no hay política diseñada aun desde una pedagogía del antirracismo, pero además se plantea que los maestros no están preparados para hablar de estos temas en las aulas. El racismo en Cuba es una herida real y es parte del fracaso moral de la Revolución al intentar levantar una frontera de igualdad, en la cual los condenados de siempre no hemos tenido acceso a la riqueza. Hay una mayoría negra que hizo y hace la Revolución como suya propia; hay otra que, desde los años 80, está rabiosamente molesta, pues la mayoría continúa anclada en los mismos barrios deprimidos, la desigualdad y la pobreza tiene color, también el sistema penitenciario y a esto súmale que estamos subrepresentadas en los principales mercados laborales emergentes, tanto en lo privado como estatal.

YMS – Ha tocado el punto de los mercados laborales emergentes; con respecto a eso, me podría decir cómo incide el racismo en las políticas de empleos.

ML – En el empleo privado tanto como estatal, los empleadores levantan barreras en las que negros y mestizos son excluidos de las oportunidades. Quien más sufre estas nuevas formas de exclusión son las mujeres negras, pues "los caballeros las prefieren rubias". Primeramente, en la bolsa laboral, la categoría "buena presencia" no es asociada al menos a los negros. Si son contratados es para la cocina o para meter miedo como agente de seguridad. La compañía española Guitart, que comenzó a operar en los noventa como corporación mixta en el Hotel Habana Libre, expulsó a todos los empleados negros y mulatos que llevaban años trabajando, y esto con la complicidad del Buró Sindical y del Partido Comunista en el hotel. Fue tremendo escándalo. Aún existen prácticas discriminatorias por el color de la piel en los escenarios del mercado laboral privado, lugares como restaurantes, bares de moda, lugares culturales privados. Hay quienes no quieren clientes negros.

YMS – Sin embargo, el sistema castrocomunista asegura haber erradicado el racismo.

ML – El castrismo niega que haya racismo, dicen haberlo erradicado. El castrismo cultural, en 1962, anunció públicamente que, por decreto, el racismo y la discriminación habían quedado abolidos. A partir de esa fecha se impuso el silencio durante mucho tiempo, hasta 1986. El ideal de una Revolución con igualdad y oportunidades para todos, al igual que la ética o los pactos de silencio, resultó ser un espacio intermedio que le daba cabida al paternalismo conservador del Estado. Hoy está despenalizada la conciencia religiosa, pero con la Revolución, las prácticas religiosas de origen africano estuvieron en el lente inquisidor del Partido Comunista de Cuba y de los agentes del Estado.

YMS – No obstante, sobre esto último que dice, muchos sostienen que las religiones oficiales del castrismo han sido siempre las afrocubanas, ¿es eso real?

ML – Decir que la religión oficial del castrismo cultural es la Regla de Ocha o Santería es una aberración, es algo que se habla desde el desconocimiento. Lo que está sucediendo es que alrededor de ella es que se han construido relaciones de poder para extraer jugosas ganancias, tanto dentro como fuera de Cuba por parte del régimen. Hay mucho oportunismo ahí. Tras la despenalización de la conciencia religiosa, el régimen ha abierto Casas de Santos dentro y fuera de la Isla. Hay una transnacionalización de la Santería cubana.

YMS – ¿Pueden oponerse los afrodescendientes a este contexto político-social que describe en la Cuba de hoy?

ML – Como parte del racismo institucional, a los negros no se nos está permitido disentir. Todos los que, desde el activismo, desde el campo de batalla de lo intelectual, disentimos frente al Estado, no importa el arco ideológico, y que tengamos una visión diferente frente al Estado, somos unos negros malagradecidos, pues "fue la Revolución quien nos emancipó e hizo persona". También por amplificar nuestra voz hemos sido acusados todos de racistas y, en nuestro caso más reciente, de formar parte de una Afroderecha regional subordinada a los intereses de Estados Unidos.

YMS – ¿Cómo es la discriminación racial en el terreno político?

ML – La energía verbal del insulto revolucionario ha sido y es un mecanismo de control social y político muy bien utilizado por el régimen para poder desmovilizar los diversos actores que intentan nuclear un movimiento antirracista en Cuba. Ahora Cuba es un país en el cual, con muchísima facilidad, se discrimina y violenta moralmente al sujeto negro, particularmente desde el enclave político hegemónico. Para la narrativa política hegemónica, sujetos como yo somos "negros malagradecidos" y eso nos lo recuerdan constantemente desde la confrontación con los propios agentes del Estado. No nos está permitido disentir. Incluso el poder cree que para ser negro debemos pedir permiso, le incomoda muchísimo la categoría afrodescendientes. La naturaleza del nacionalismo revolucionario, en sintonía con el nacionalismo republicano, ha permitido que continuemos siendo los últimos en la fila.

YMS –¿Pasa lo mismo con las mujeres afrodescendientes que con los hombres?

ML – La violencia política racializada contra las mujeres es ejecutada por actores del Estado que operan con la misma lógica de la violencia mafiosa, su posición hegemónica es violenta. Ahí están los testimonios de activistas como Bertha Soler, Marthadela Tamayo, Laritza Diversent, Kirenia Yalit, y otras, que durante el interrogatorio o acto de repudio han sido ofendidas desde su condición de mujer negra. La criminalización del activismo afrodescendiente, como las demás formas de activismo, está marcada por el desamparo, los límites legales y políticos.

YMS – ¿Qué pasa con el racismo en las cárceles cubanas? ¿Cómo se palpa la discriminación en esos lugares?

ML – La población afrodescendiente está inmensamente representada en el sistema penitenciario cubano y eso responde a que, más allá de los delitos cometidos, a muchos se les aplica el Estado de Peligrosidad Social, al estar anclados a los circuitos de la marginalidad o informalidad para poder sobrevivir. Por supuesto que, en el escenario de la justicia, también se registran prácticas discriminatorias por el color de la piel.

YMS – ¿Cuáles son las principales organizaciones o voces que, en el interior de la Isla, describen y denuncian la discriminación a las personas afrodescendientes?

ML – Hay muchas plataformas trabajando el tema de la problemática racial, pero falta la sustancia política y desde un enfoque de Derechos Humanos. Es el Comité Ciudadano por la Integración Racial (CIR) quien lo está describiendo desde el emplazamiento político y desde un enfoque diferencial de Derechos Humanos. Pero aún falta entre nosotros la cultura de la denuncia. Hay importantes investigadores y activistas que tienen una claridad política frente al tema, como los ensayistas e investigadores Alberto Abreu Arcia, cuyo blog *Afromodernidades* tiene una posición frontal contra el racismo y la discriminación, Roberto Zurbano y Tomas Fernández Robaina. No puedo dejar de mencionar al ensayista Víctor Fowler. También desde la Red Cubana de Mujeres Afrodescendientes está Gisela Arandia, La Red Barrial Afrodescendiente conectada con la Comisión Aponte, Blogoesfera, Club del Espendrú, Cofradía de la Negritud, y otras más, que desde lo estético aportan.

YMS – En el plano personal, como afrodescendiente, ¿tiene alguna experiencia de discriminación de la que haya sido víctima que quiera compartir con nuestros lectores?

ML – Bueno, mira, he experimentado desde el acoso policial, en el que, por característica, yo respondo al perfil racial construido por ellos. O entrar a un departamento de víveres en la Plaza de Carlos III y escuchar a una dependiente alertar al cajero: "¡Oye cuidado, a la leche le cayó una mosca!". O entrar a una boutique de alguna cadena hotelera, pedir ver una camisa para comprarla y la empleada decirme: "pero esa camisa es cara". Incluso, estando una vez en Miami, vi a una joven blanca cubana asombrarse porque Marthadela Tamayo y yo estábamos en la sede del ballet de esa ciudad, y es que hay quienes piensan que los negros no tenemos sensibilidad cultural.

YMS – ¿Que haría falta para eliminar la discriminación en Cuba?

ML – Lo primero es que las autoridades despenalicen en la esfera pública el debate sobre la problemática. A los cubanos no nos sirve para nada que el tema continúe discutiéndose a lo interno de las instituciones, con un número pequeño de personas, que siempre son los mismos. Hay que llevar esto al escenario de la base social, hay que descolonizar culturalmente la sociedad y en eso juegan un papel importante los medios y el sistema curricular. El Estado no puede capitalizar lo que, por derecho propio, le toca a la sociedad civil. Ahora hay un programa de gobierno frente al racismo y la discriminación, en el cual no veo acciones que acompañen a la sociedad civil.

YMS – ¿Ve algún paso positivo o esperanzador para terminar con el racismo entre los cubanos, tal vez desde el accionar de la Sociedad Civil?

ML – Creo que, frente a todo este escenario, los negros han tenido que construir y defender su propio escenario de cimarronaje. Veo la lucha con optimismo, pues la esfera pública afrodescendiente en Cuba es una fuerza importante que va teniendo personalidad propia, está creciendo desde diferentes ópticas y se está oxigenando con actores emergentes, en su mayoría muy jóvenes, que comienzan a mirar a Cuba y su realidad con una óptica muy diferentes a nuestros padres y abuelos.

De revolucionaria a ser una voz que alerta al mundo sobre los males del castrismo

Converso con la Doctora cubana, especialista en Neurocirugía, Hilda Molina, fundadora del Centro Internacional de Restauración Neurológica (CIREN). Hilda ocupó diversos cargos dentro de la jerarquía cubana. Incluso fue diputada a la Asamblea Nacional del Poder Popular y, además, militante del Partido Comunista de Cuba (PCC), pero en 1994 rompió definitivamente con el régimen de Fidel Castro. Ese mismo año, Hilda Molina se declara disidente de la Revolución cubana. En el 2009, y tras negársele reiteradas veces su petición de salir del país para reunirse con su hijo en Argentina, Fidel Castro le autorizó la salida definitiva de Cuba.

Yoaxis Marcheco Suárez – Hilda, vayamos un poco al pasado: ¿cómo era esa Cuba anterior a Castro que usted recuerda?

Hilda Molina – En el 59 yo tenía 15 años, por lo tanto, te puedo decir que viví 15 años en la otra Cuba. Estos regímenes comienzan por destruir la historia de los países. Hacen de la historia verdadera escombros y sobre esos escombros edifican su mentirosa historia. Cuba era uno de los países más prósperos de Iberoamérica, están las estadísticas ahí. En el tema social, a mi generación y a las anteriores, nos enseñaban que nuestra patria había sido edificada sobre valores, sobre cuatro pilares: la familia, la libertad –bien entendida y bien ejercida–, la doctrina del amor en su más amplia acepción y la vocación de servicio. Nos decían que para ser una buena persona había que tener esos valores. Hubo problemas con algunos políticos, pero tampoco nada tan diferente a los países de la región de aquella época. Ahora Cuba sí es el prostíbulo de los españoles, de los canadienses, de los alemanes, pero además una prostitución abierta, descarada, en la que tú ves a las niñas y a las jóvenes ofreciéndose a los extranjeros en las calles.

YMS– Hablando del sistema de salud de la Cuba anterior a Castro, ¿es cierto que las personas morían por no tener acceso a la salud?

HM – Siempre mueren en todos los países personas que no tienen acceso a los sistemas de salud, lo que es inaceptable. Había varias modalidades de salud privada, incluso personas sin muchos recursos tenían acceso a algunas modalidades y había un buen sistema de salud pública, pero había zonas, sobre todo rurales, adonde el servicio de salud no llegaba de manera inmediata. En aquel momento existían las llamadas postas médicas, pero a veces no estaban tan cercanas como en mi opinión deben estar. Era un sistema de salud comparable al que existía en los países más desarrollados de la región y algunos de los países más desarrollados del mundo. En mi opinión: ¿con injusticias? Sí, pero injusticias que no justifican toda esta historia que ha hecho el castrismo.

YMS – Me dijo que tenía quince años el primero de enero de 1959. ¿Había escuchado sobre Fidel Castro anterior a esta fecha?

HM – Mi familia paterna luchó contra Batista. Como los del movimiento de Fidel Castro usaban métodos terroristas: todos los atentados, todos los cocteles Molotov, todas las bombas que ponían en las ciudades, estaba lo que era la Resistencia urbana, que era a la que pertenecía mi familia paterna. Mi madre le advertía mucho a mi papá: "está bien que luches, pero nunca vayas a poner bombas, ni cocteles Molotov, porque eso es terrorismo"; o sea, mi madre se dio cuenta muy pronto. Mucha gente rica en Cuba compró bonos y puso mucho dinero al Movimiento de Fidel, así como también se lo puso la CIA. Mi madre les decía a sus clientas que le parecía que cometían un error porque estaban financiando un Movimiento violento armado, que no se sabía qué venía detrás de aquello. Mi madre era genial.

YMS – Su madre tuvo mucha claridad; muchos cubanos la tuvieron en ese momento; a otros se les aclaró la mente posteriormente.

HM – Déjame decirte que yo no soy de las que justifican haber estado treinta y cinco años dentro de ellos, aunque muchos sin creer en ellos. Nadie hace autocrítica nunca. Hay que empezar por hacer una autocrítica y yo la hago constantemente con mi persona, porque hubo una parte muy heroica de los cubanos que fueron a las guerrillas e hicieron movimientos contra Fidel, murieron fusilados, pero hubo otro sector que yo jamás voy a criticar, porque yo creo que los cubanos que nos estamos oponiendo al castrismo, cuando nos criticamos públicamente unos a otros, estamos ayudando al castrismo. Cuando tú te proyectas en la vida con odio, eres el mejor discípulo de Fidel Castro.

YMS – Todos los extremos se besan. Usted estudió neurocirugía, una especialidad que demanda un coeficiente de inteligencia tan alto como la consagración que se le debe dedicar, ¿era frecuente en aquel tiempo que las mujeres estudiaran medicina y que se especializaran en neurocirugía?

HM – El castrismo era machista, aunque ahora se hable de los derechos de la mujer. Cuando yo terminé la Carrera tenía que hacer la especialidad que dijera el gobierno, pero el mejor promedio era el que tenía derecho a decir qué especialidad quería. Yo fui el mejor promedio. Cuando dije que quería hacer neurocirugía, me dijeron que me olvidara de eso. Los hombres estaban muy molestos conmigo, decían que yo no iba a terminar. Apostaban a que no iba a poder ser neurocirujana y terminé en tiempo y forma con una tesis espectacular. Me hicieron un examen, el más terrible que te puedas imaginar. La verdad es que me daba gracia el machismo del sector de la neurocirugía: eran como dinosaurios, no habían adelantado la especialidad en Cuba y les molestaba que yo me diera cuenta de mi propia incapacidad y buscara ayuda de los que más sabían.

YMS – ¿Cuándo conoció personalmente a Fidel Castro?

HM – Desde que estudiaba, me di cuenta de que estábamos atrasados en medicina, que lo de ser potencia médica era una mentira: se desahuciaba a muchos enfermos, y ahí es cuando yo empiezo a hacer cartas al extranjero, cosa que estaba absolutamente prohibida en Cuba. Poco tiempo después vinieron al Instituto donde yo trabajaba dos militares para llevarme directamente a donde Fidel. Yo no entendía por qué, iba muriéndome de miedo. Me llevaron custodiada a una oficina. Esa fue la primera vez en mi vida que vi en persona al señor Fidel Castro. Fidel me pregunta qué yo estaba haciendo, yo le respondí que estaba buscando ayuda porque las neurociencias cubanas estaban atrasadas y el pueblo no se lo merecía. Al final de un largo interrogatorio, se dio cuenta que lo que yo estaba haciendo era buscando ayuda y que podíamos tener un hospital construido con el aporte de los científicos del mundo. Esa fue mi cercanía con Fidel Castro: yo ni lo busqué, ni me acerqué a él, es más... se robaron algo que yo conseguí por mis medios, se lo robaron porque yo renuncié. Él lo que quería era que yo siguiera dirigiendo aquello, que los científicos siguieran asesorando aquello y siguieran pagando los recursos, los equipos, las técnicas, pagando los pasajes de los médicos que llevaban a becas. Nunca pensaron que yo iba a decir hasta aquí por la inmoralidad de convertir aquello en un negocio.

YMS – ¿Cómo se llamaba el Centro?

HM – Se llamaba Centro Internacional de Restauración Neurológica. Cuando yo renuncio, le pusieron siglas como hacían en la Unión Soviética, entonces le llaman CIREN. Era un Centro Internacional porque los científicos eran internacionales, aunque los pacientes eran cubanos. Un regalo de la neurociencia mundial para los enfermos cubanos robado por el régimen. Esa es la historia de cómo Fidel se acerca a mí. Yo no lo busqué. Yo no era amiga de él y mucho menos tuve una relación sentimental con él, como se ha inventado, incluso por mucha gente del exilio. Para mí ha sido muy doloroso tantas cosas mentirosas que se han dicho.

YMS – De eso quería preguntarle porque ha existido el rumor, pero, ¿a usted le consta que Fidel Castro se sentía atraído por usted?

HM – El a mí me propuso matrimonio. Pensé no decirlo nunca. Lo hace en una de sus visitas al centro, porque nunca visitó mi humilde apartamento. Se sentaba en un salón del Centro, ¿pero... sabes qué?... yo me llevaba a mi madre conmigo para el trabajo porque ya estaba muy mayor y siempre fue una mujer de una salud delicada. Ella me dijo lo que seguía pensando de Fidel, que no es que fuera un emisario del demonio, si no que era el demonio en persona. Cada vez que él iba a hablar conmigo, ella entraba después y nunca dejó que estuviéramos solos. Yo le respondí a su propuesta (de Fidel) que no podía casarme con Dios, que él les había enseñado a los cubanos que era Dios, y lo bloqueé, porque en ese momento no podía decirme que él no era Dios. Mi madre dijo: claro, quiere a la científica conocida, con una historia limpia, trabajadora..., para que limpie sus crímenes.

YMS – Usted en el año 1994 rechazó todos sus cargos como médico y como personalidad pública dentro de la política fidelista.

HM – Es cuando me doy cuenta de que no tenía sentido seguir luchando con el ministro de salud. Llegó un momento en que en el Centro había 146 camas para los cubanos, pero seguían con lo de los extranjeros, que llegaron a tener diez camas, crearon una oficina para cobrarles. El castrismo ganaba hasta ocho y nueve millones de dólares con el trabajo nuestro. En una de las visitas de Fidel Castro, le pregunté si había alguna idea de dolarizar aquel centro y me respondió que yo lo podía impedir. Le respondí que yo no mandaba en el país y que llevaba un año hablando con el ministro y que este me había dicho que era una orden y me di cuenta de que era él quien había dado la orden. Lo primero que hice después de renunciar y recuperarme psicológicamente, porque no sabía si iba a volver a ver a mi hijo, fue ir a ver al disidente que yo más he respetado:

Gustavo Arcos, un hombre que luchó primero contra Batista junto a Fidel y después contra Fidel.

YMS – Cuando usted deja todas sus funciones como médico y también sus cargos públicos y se declara una disidente, intenta salir del país, pero Fidel Castro se lo impide. ¿Esto fue una medida por una cuestión personal o el régimen cometía esta arbitrariedad con cualquiera que tomara la decisión de renunciar?

HM – El régimen lo hacía porque en ese momento existía la llamada Tarjeta Blanca. Todavía, si ellos no quieren, la gente no sale, así de sencillo, pero en aquel momento hacía falta el permiso. Yo no quería salir de Cuba; mi hijo estaba casado ya con su esposa, que es argentina. Una vez que mi hijo termina en Japón viene para Argentina con su esposa. Cuando yo sé que va a nacer mi primer nieto, en 1995, quise venir a su nacimiento, todas las abuelas queremos ver nacer a los nietos, cargarlos. Me tuvieron casi 16 años sin dejarme salir, yo creo que porque nadie había renunciado al sistema de ellos antes.

YMS – ¿Conoce usted la labor del médico disidente cubano Oscar Elías Biscet?

HM – Sí, y es una persona muy luchadora, ha sido muy honrado y creo que se lo merece, porque además ha sufrido muchísimo. Para mí es uno de los paradigmas de la lucha por los Derechos Humanos integrales.

YMS – ¿Usted cree que la información y las denuncias ofrecidas por él a la opinión pública mundial sobre el tema del desorden y el elevado número de abortos en Cuba son ciertas?

HM – Yo creo que él tenía los elementos necesarios para poder informar eso. En Cuba legalizaron el aborto y Biscet trabajaba en esa rama. Estoy convencida de que, lo que él denunció, le constaba. Incluso, estoy convencida de que a alguna gente del gobierno le preocupaba el hecho de que el aborto se utilizara como un método anticonceptivo y por eso las altas autoridades del castrismo, Fidel Castro, por ejemplo, habló con el Vaticano para que la Iglesia Católica los ayudara un poquito hablando con la población y les pidieran que no usaran el aborto como método anticonceptivo. Un Cardenal del Vaticano le respondió que quitara la legalización del aborto, porque si la gente lo usaba como método anticonceptivo era porque ellos lo habían legalizado.

YMS – En los últimos tiempos un tema puntero para usted ha sido el de los valores. ¿Comenzó a desarrollarlo desde que vivía en Cuba?

HM – Comencé desde la adolescencia. Cuando yo vi que ellos empezaron a quitar del diccionario la palabra valores y pusieron Revolución, me senté un buen día, solita, llorando porque empecé a no entender nada. Me preguntaba si yo no podía ser buena persona, tener valores y ser revolucionaria. Entrando en las neurociencias, me fui dando cuenta de que el ser humano nace bueno, con luces y sombras, pero con más luces que sombras, que los valores están en la esencia humana y cuando te los sacan, como hizo el castrismo, te deforman. Uno puede ir trabajando en sus propios valores, haciendo su propia revolución y ayudando a su entorno. Me dije que cada día tenía que ser mejor persona, yo lo he llamado revolución interior: si yo mejoro un poquito, el mundo va mejorando.

YMS – Fidel Castro llegó a reconocer que la fórmula del castrismo no funcionaba ni para los cubanos, ¿por qué cree que esta fórmula es tan popular en América Latina?

HM – Porque él mutó, no tenía ideología. Lo sé porque le hice un perfil. El me prestaba libros para que yo aprendiera de política; yo no me los leía, pero viendo lo que me prestaba, me decía que eso era lo que él leía. Él se armó un Frankenstein ideológico que le permitiera lograr su objetivo, que era dominar a Cuba y crear la patria grande latinoamericana antimperialista para oponerse a los americanos. Fidel me confesó que llevaba muchos años haciendo la 'Revolución silente' en América Latina: por un lado, las guerrillas que después no le sirvieron; luego, el Foro de Sao Paolo. Por otro lado, sus voceros, los enviados, personas entrenadas trabajando la conciencia de la gente en América Latina. Por eso ahora les es muy fácil irse instalando en los países. Fue un gran estratega para su plan. La política mundial menospreció su capacidad y gran inteligencia para el mal. Hay otra cosa importantísima: Fidel era un psicópata, es científica la opinión. Tenía los tres rasgos antisociales de la personalidad: psicópata, sociópata y narcisista. Su principal desvalor era el resentimiento. El castrismo se ha mantenido por la estrategia monumental de Fidel Castro, por el poder diplomático, por asociarse al dinero del narcotráfico y al dinero del terrorismo.

YMS – O sea, que el mal está en Cuba...

HM – Es así... acá en Argentina han endiosado a Obama. No sé si tuvo malas o buenas intenciones. Yo creo que tuvo intenciones de ego cuando le dio tantos beneficios al castrismo sin pedirle nada de verdad, porque no puede ser que Obama no supiera que el castrismo lo estaba usando. Porque mientras Obama casi se le arrodillaba al castrismo, el castrismo lo seguía ofendiendo. Sin embargo, ahora Obama es el paradigma. Yo no sé lo que va a pasar con los Estados Unidos, no sé..., porque tampoco creo que han entendido bien la esencia del castrismo, no creo que hayan entendido.

YMS – Los Estados Unidos está padeciendo una crisis que podría ser considerada incluso de Identidad Nacional, ¿usted cree que el castrismo está detrás de toda esta atmósfera inquietante que se está viviendo en USA?

HM – Está detrás de lo que está pasando ahí, está detrás de lo que está pasando en Chile, lo que viene para Chile. Incluso, el manejo de la cuarentena también. Cuando yo digo castrismo, si quieres llámale plan transnacional, porque ya lo que hay en Cuba instalado como Estado Mayor no solamente son cubanos: hay pensadores muy diabólicos y mucho poder y mucho dinero instalado, esto me consta. No solamente se queda en el castrismo, que se llama socialismo del siglo XXI o castro chavismo, que no es Raúl o Díaz Canel. Fidel murió, ya no importa. Puede morir Raúl mañana, Díaz Canel es nada, la nada misma, pero es una estructura que está allí. Este régimen mafioso, transnacional que nos queda en América Latina, donde prima el resentimiento, anda por Europa también. El gobierno de España es eso. Toda esa gente pasa por Cuba y se entrena; y no lo digo por delirante. Los malos se unen fácil, yo digo que la ideología es odio, dinero y poder. Cuando digo odio incluyo el resentimiento. Se organizan, no se callan, no descansan, se ponen de acuerdo y los otros son medio contemplativos.

ÍNDICE

En la colección Cuadernas

Nunca he sido una perdedora
—Memorias—
Juliana Márquez Godínez

Asomada a la vida. Curiosidad y aprendizaje
—Memorias—
Helena Vilarelle

Guaro cuenta su historia
—Historia—
Manuel. R. Valle

Bloguear a ciegas
—Post de blogs—
Ángel Santiesteban Prats

La edad de Sara
—Ensayo—
Amira Armenta

Que hablen las ruinas de La Habana
—No ficción—
Mayda Anias

Entre...visto. Entrevistas a escritores
—Entrevistas—
Amir Valle

Cleva Solís. La otra poetisa de Orígenes
—Ensayo—
Rafael Rodríguez P.

Cuba. Mi infierno y mi paraíso
—Memorias—
Monika Krause

La poesía: esa voz que llega a nosotros
—Ensayo—
Waldo González López

Leviatán. Policía política cubana y terror socialista
—Testimonio—
Yoe Suárez

Hombres necios que acusáis... Décima femenina en Cuba
—Ensayo—
Mayra del Carmen Hernández Menéndez

Monika Krause. Queen of condoms
—Memorias—
Monika Krause

Verdad es belleza
—Memorias—
Marco Tulio Aguilera Garramuño

Asomada a la vida. Adolescencia y pubertad
—Memorias—
Helena Vilarelle

El pacto social posmoderno
—Ensayo—
Faisel Iglesias

Un naufragio en tierra firme
—Periodismo—
Jesús Arencibia Lorenzo